潘常仲 著

山东画报出版社
济南

图书在版编目（CIP）数据

销冠话术 / 潘常仲著 . -- 济南：山东画报出版社，
2024. 11. -- ISBN 978-7-5474-5159-5

Ⅰ . F713.3-49

中国国家版本馆 CIP 数据核字第 20246KQ970 号

XIAO GUAN HUA SHU

销冠话术

潘常仲　著

责任编辑　刘陆星
装帧设计　紫英轩文化

主管单位	山东出版传媒股份有限公司
出版发行	山东画报出版社
社　　址	济南市市中区舜耕路 517 号　邮编　250003
电　　话	总编室（0531）82098472
	市场部（0531）82098479
网　　址	http://www.hbcbs.com.cn
电子信箱	hbcb@sdpress.com.cn
印　　刷	济宁华兴印务有限责任公司
规　　格	145 毫米 ×210 毫米　32 开
	6 印张　140 千字
版　　次	2024 年 11 月第 1 版
印　　次	2024 年 11 月第 1 次印刷
书　　号	ISBN 978-7-5474-5159-5
定　　价	58.00 元

前言

在当今竞争激烈的商业世界中，销售已成为推动企业发展的关键力量，"酒香也怕巷子深"，产品有了过硬的质量，也需要销售的大力推动。而在销售的舞台上，话术则如同一位技艺精湛的指挥家，引领着销售的节奏，奏响成功的乐章。《销冠话术》这本书，正是为了帮助广大销售人员提升销售技巧、掌握话术精髓而精心编写的实践指南。

销售，不仅仅是一种职业，更是一种艺术。它需要销售人员具备敏锐的洞察力、出色的沟通能力和坚韧不拔的毅力。在销售的过程中，话术的运用起着至关重要的作用。一句恰到好处的话，可以瞬间拉近与客户的距离，打开客户的心扉，促使交易达成；而一句不恰当的话，可能让客户心生反感，关闭沟通的大门。

本书的编写，源于对销售领域的深入研究和实践经验的总结。我们深知，销售人员在日常工作中面临着各种各样的挑战和难题。客户的需求千差万别，客户的性格各不相同，销售场景也变幻莫测。如何在这样复杂、不确定的环境中，运用有效的话术，与客户建立良好的关系，挖掘客户的需求，解决客户的异议，促进交易的达成，是每一位销售人员必须面对的课题。

书中涵盖了销售过程的各个关键环节。从销售话术原则的深入剖析，到联结客户的实用技巧；从建立信任的巧妙方法，到了解需求的精准策略，每一部分都凝聚着对销售本质的深刻总结。无论是掌握主动权、运用高情商话术，还是合理应对客户各种疑

·销冠话术·

问,本书都提供了具体可行的方法。它将助您在销售舞台上如鱼得水,与客户建立良好关系,精准推荐商品,开启成功销售之旅,成就销售冠军之路。

在异议处理章节,我们为您提供应对客户各种质疑的智慧回应方法。无论是对产品的比较、对物流的担忧,还是对专业性的怀疑,都能让您从容化解。价格问题向来是销售中的重点,本书分享了巧妙回应客户对价格争论的案例,在保证利润的同时满足客户的期望。而在促进成交环节,无论是面对客户的犹豫还是托词,都有相应的策略助您一臂之力。

售后处理同样不容忽视,良好的售后体验不仅能维护客户关系,更是开启二次销售的契机。书中列举了销售冠军们在售后处理中的成功经验,为您应对客户的不满和投诉提供更多参考。此外,拓客策略部分帮您打开新的销售思路,从顺水推舟巧用客户客套话到不同行业合作;从精彩演讲到免费试用引流,全方位助您拓展客户资源。

这本书不仅是知识的传递,更是经验的分享和实战的指导。我们希望每一位销售人员在阅读本书后,都能将其中的话术和策略运用到实际工作中,提升自己的销售能力,在百舸争流的商海中脱颖而出,成为真正的销售冠军,为企业的发展贡献自己的力量,开启属于自己的销售成功之旅。

由于我们的水平有限,此书难免有不足之处。在阅读过程中,若您有更好的见解和经验,欢迎与我们交流分享,共同完善这本《销冠话术》。

目录

第一章 销冠话术原则

销冠要掌握主动话语权……………………………… 002
销冠如何反问客户……………………………………… 004
高情商话术……………………………………………… 006
万能三问法……………………………………………… 008
五分钟的开场白………………………………………… 010
"讲故事"话术………………………………………… 012
销冠的语言艺术………………………………………… 015

第二章 怎样联络客户

怎样巧妙地获得客户的电话号码…………………… 018
第一句话决定成败……………………………………… 021
如何听出客户的话外话………………………………… 023
如何与客户确定邀约时间……………………………… 025
如何通过微信与客户联系……………………………… 027
怎样让客户在微信上很快回复你……………………… 029
如果客户拒绝该怎么办………………………………… 031

第三章 如何与客户建立信任

建立信任的核心是真诚………………………………… 034
如何在短时间内赢得客户信任………………………… 036

如果客户说"没听说过你们这个品牌",销冠该如何回答……… 038
初次接触客户如何巧妙绕开抗拒心理……………………… 040
如何回应客户"产品效果好吗?"这种问题……………… 042
说什么话可以迅速获得客户信任…………………………… 044
如何挽回客户的信任…………………………………………… 046

第四章 了解客户需求

如何应对客户问"最低多少钱?"…………………………… 050
怎么回应客户说"我就随便看看"………………………… 052
如何精准向客户提问………………………………………… 054
为什么客户有需求却不购买………………………………… 056
如何利用情绪价值激发客户的潜在需求…………………… 058
客户说现在没需求,该如何回答…………………………… 060
如何分辨真正有需求的客户………………………………… 062

第五章 推荐商品

如何回答客户问"还有更好的产品吗?"………………… 066
当客户问"某款商品还有吗?"该如何回答……………… 068
如何回答客户"产品好在哪儿?"………………………… 070
当客户有"选择困难症"时该怎么办……………………… 072
当客户担心产品会出问题时该如何应答…………………… 074
如何利用客户的好奇心推销商品…………………………… 077
如果客户拿以前的商品来咨询,销冠该怎么应对………… 079

第六章 巧妙处理顾客的异议

客户说"你家的产品比别人家好在哪里呢?"如何回应…… 082
客户说"我的朋友用过你家产品,他/她说一般",怎么回答…… 084
客户说"我不要赠品,能折算成现金给我吗?"怎么回答…… 086

目录

客户说"如果不好用,可以退货吗?"如何回答·················· 088
客户抱怨"你们太不专业了?"怎么应对·················· 090
客户说"产品更新换代这么快,会不会很快就过时了?"怎么回答··· 092

第七章 客户谈价格,销冠怎么说

客户说"再便宜点吧,少赚点呗",如何回应·················· 096
客户为难地说"没打算花这么多钱买东西",怎么回答·················· 098
客户说"不能优惠就算了",怎么回应·················· 100
客户说"价格是不高,但是感觉用不了多久就会坏",怎么回答··· 102
客户指着店里最贵的产品问"你们店里还有比这款更好的产品吗?"
   如何回答·················· 104
客户很直接地问"底价是多少?"怎么回应·················· 106

第八章 销冠成交的秘密

客户说"这件产品看着不错",怎么促进成交·················· 110
遇到常见托词"我再想想",怎么应对·················· 112
客户直言不讳"我再看看,货比三家嘛",如何应对·················· 114
展会合理促销话语·················· 116
只需再加1块钱·················· 118
"清仓甩卖"不灵了吗·················· 120
有理不在声高·················· 122

第九章 销冠教你售后处理

有效处理售后问题,我有话说·················· 126
成交后的"三大黄金期"跟进话术·················· 129
处理客户投诉,一个原则就搞定·················· 131
客户因产品质量问题要求退货,如何回应·················· 133
良好的售后体验是开启二次销售契机的钥匙·················· 135

客户反馈对收到的商品不满意,如何回应……………… 137
产品成交后,销冠的客户维护话术………………………… 139

第十章　销冠如何拓客

利用客户的客套话拓客……………………………………… 142
想请客户发朋友圈,客户表示很为难……………………… 144
发挥老客户效能,巧妙拓客………………………………… 146
想通过不同行业间的合作拓客,销冠这样做……………… 148
玩转影响力效应,你也能成为销冠………………………… 150
融入"圈子",打造销冠新篇章……………………………… 152
销冠的引流拓客之道——免费试用………………………… 154

第十一章　不同客户,策略不同

利用心理学快速定位客户类型……………………………… 158
PDP 人格类型测试…………………………………………… 159
PDP 性格测试中五种类型特点与他们的内心需求………… 163
面对老虎型客户,请直截了当……………………………… 165
打动孔雀型客户,社交场合多下功夫……………………… 167
与考拉型客户交流,要赢得他们的信赖…………………… 169
怎样赢得猫头鹰型客户的青睐……………………………… 171
巧妙解读变色龙型客户的心………………………………… 173

第十二章　从小白到销冠,其实很容易

避免成为客户讨厌的三种销售……………………………… 176
不想成为销冠的销售不是好销售…………………………… 179
三个流行的营销学概念要知晓……………………………… 181
不要让你的短板局限你……………………………………… 183

第一章

销冠话术原则

在销售领域,话语非常重要,甚至一句话就能打动客户促成交易。常言道"商场如战场",而销售话术就是销售人员的"唇枪舌剑",要想在没有硝烟的商场百战百胜,销售人员必须学会"十八般武艺",熟练掌握各种话术。从掌握话语主动权,到反问客户的真实需求,再到展现对客户的温暖贴心,每一个环节都对销售人员的语言艺术有着很高的要求。

在这一章里我们一起学习销售话术的一些原则,看看销冠们如何通过这些话术来引导客户,达到销售目的。

 ·销冠话术·

销冠要掌握主动话语权

在销售员进行推销产品的时候,一定要牢牢把握主动话语权,只有这样才能把控整个销售进程。一旦话语权被客户把握,那么销售员就会处于被动地位,被客户拿捏,商品也就很难推销出去了。

"谁提问,谁掌握主动权。"这是销售中的一条黄金法则。

我们设想一个场景。推销员与客户在谈判桌上,推销员在滔滔不绝、口若悬河的推销商品,而客户则沉默不语只是静坐着倾听。那么谁掌握了对话的主动权呢?主动提问者,往往能引导谈话的方向,把握话语的主动权。当然,这并非绝对。

因为在销售员滔滔不绝进行产品介绍的时候,貌似掌握了话语的主动权,但产品介绍总有说完的那一刻。从那一刻开始轮到客户发言,客户就会在瞬间掌握了话语的主动权。而最终客户是否购买商品,是否签约都取决于他的意愿和心情,而推销员只能被动等待。

为了掌握谈话中的主动权,作为销售员要化被动为主动,要始终牢牢把握话语的主动权。那么该怎么做呢?就是要学会提问。

面对非常挑剔的客户我们可以这样做:

- 挑剔的客户对产品各方面指标有着极高的甚至苛刻的要求,经常会问推销员一些刁钻的问题,让人疲于应付、难以招架。
- 这个时候,没有经验的推销员就会落入难以招架的境地。

第一章 销冠话术原则

- 而有经验的推销员会直接反问客户:"您希望要购买的产品能解决您的哪些问题呢?"此言一出,就会令客户罗列出自己所面临的问题,而推销员则可以根据客户提出的问题,用自家产品的功能一一解答,有针对性地介绍了产品的特点和优势,满足客户的需求,最终令客户满意,顺利签下订单。

在销售过程中,我们一定要把握主动话语权,否则被客户"牵着鼻子走",那就太被动了。

有时候客户会提出一些与产品没有太大关系甚至无厘头的问题,我们也不能表现得不耐烦或者嘲笑。正确的做法是微笑着对客户说:"您的想法(或问题)很有趣,不过我想先了解下您的具体需求,这样方便我给您介绍我们的产品。"

不要在无关紧要或者毫不相干的问题上浪费时间,而应该紧紧把握住商品的功能和特性。

有时候客户了解了产品的功能,但对是否签下订单犹豫不决,这时候推销员要做的就是促使客户下定决心。

我们可以这样说:"根据您的需求和预算,我建议您考虑这款产品。它的功能完全符合您的需求,而且性价比也很高。您不妨考虑一下。"这种站在客户立场上的话术,可以获得客户的好感和信任,帮助客户下定决心。

销冠的座右铭:销售并非说服的艺术,而是让客户自我说服的艺术。

销售员站在客户的立场用话术说服客户,让客户心悦诚服地感受到你的商品是符合他的预期的,这样才会下定决心购买。

 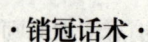

销冠如何反问客户

在销售过程中,销售员往往秉持着真诚热情的服务态度,对客户提出的每一个问题都给予专业而详细的解答,但到了最后客户却并没有选择我们,这是令销售员比较困惑的事。其实这是销售员的思维陷入了一个误区,就是一直在回答客户的提问,始终处于一种被动应付的境地。在销售过程中为了改变这一局面,销售员需要学习运用反问话术来化被动为主动。

反问客户是为了主动出击,更好地了解客户的需求,然后给出更精准的答案,促进销售的完成。

例如当客户询问商品套餐价格时,销售员可以不用直接回答而提出反问:"我们的商品套餐价格有很多价位,根据客户需求的不同,价格也不同,一般在 6 万至 20 万元之间。请问您的预算是多少?您有哪些具体需求呢?"这样问的销售员不仅将问题抛回给客户,还能更深入地了解客户的预算和需求,从而推荐更精准的商品。

使用反问话术可以让销售员在销售过程中占据主动地位,通过提问引导客户表达自己的需求和期望,有利于销售。同时我们在反问时也应该注意自己的语气,不要让客户产生反感,更重要的是在合适的时机提出问题。

当客户对商品价格有疑虑时,销售员就可以运用反问话术进行回应:

"请问您是否与其他商家进行过对比?您对比的是哪种类型的产品?"

第一章 销冠话术原则

这样的反问不仅可以引导客户进一步思考，还可以让客户对商品有更清晰的定位。

再比如在客户询问商品交付周期时，销售员也可以反问：

"我们的标准交付周期是 30 天，但可能会受到一些不可抗拒因素的影响而有所变化。请问您是否有特殊要求呢？"

这样的提问方式有助于销售员更准确地了解客户的需求，并给出相应的答复。

通过反问客户，销售员可以反客为主主动出击，可以更好地了解客户的需求，并提供精准、个性化的服务。这不仅能节约大量的时间，还可以增强客户的满意度，提升销售业绩。

因此，作为销售员应该学会并灵活运用反问话术，适时出击，在销售过程中化被动为主动，始终掌握主动权。

高情商话术

作为一个优秀的销售员,不仅口才要好,情商也要高。情绪商数是指一个人对自己和他人情感的感知、理解和应对能力。与智力商数相对应,情绪商数强调个体在情感领域的智慧和应对能力。这一概念强调情绪对个人和社会生活的重要性,以及情绪商数的发展可以影响个人在各个领域的发展。

一个人在社会上的成功不仅仅取决于他的智商或者学习成绩,还与其性格、情绪管理能力,以及人际交往能力等情商因素有很大关系,甚至是决定关系。在决定成功的众多因素中,情商无疑是重要的一项,而那些具备高情商的人能够在复杂多变的社会环境中发展得风生水起。

一个销售员不仅要掌握众多的销售方面的知识和技巧,更要有很高的情商。与智商是由先天决定的不同,情商是可以后天培养的。对销售员来说,掌握一定的高情商话术对自己的工作大有好处,因为销售工作是与人打交道的工作。如何更好地理解客户需求,用什么语言可能打动客户,怎么说才能让客户下定决心购买商品,如何建立稳固的客户关系……这些都需要销售员具备高超的情商。

让我们通过具体的案例来说明情商在销售工作中的重要性。

在销售时,销售员经常会遇到客户提出的各种问题,这些问题有的合情合理,有的刁钻古怪。这时候就是考验销售员高情商话术的时候。如何巧妙回应客户的问题,化解双方的尴尬,最终促成交易,是销售员面临的最直接的问题。高情商的销售员往往

第一章 销冠话术原则

会采取一种难过+道歉+请教的回应策略。

1. 表达出自己的难过情绪

在客户表示不满或者拒绝时,销售员应该这样说:"实在抱歉(或不好意思),没能让您满意。我们也不想这样的。"

这样回答,既表达了销售员的真诚也安抚了客户的不满。

2. 诚恳地向客户道歉

销售员说:"如果今天我的服务有什么让您不满意的地方,还请您多多包涵并向您表示最诚挚的歉意。"

这样的道歉是对客户的一种尊重和重视,即使销售员有唐突的地方,客户也不会计较。

3. 以请教的姿态向客户询问

"请您指点一下,我今天的服务哪里做得不够好?您对我们的商品有什么不满意的地方?您的意见对我非常重要,我会认真倾听并努力改进。"

这样的请教话术,不仅表示了销售员谦卑的态度,也容易激发客户的表达欲望。

通过这种"难过+道歉+请教"的话术让销售员可以成功化解客户的疑虑和不满,最终促成交易。

· 销冠话术 ·

万能三问法

在从事销售工作时，与客户交流是必不可少的步骤。但有时候我们与客户的交流效果却并不尽如人意。那么销售员该如何加强这方面的话术呢？

要想成为一名优秀的销售员，必须学会"万能三问法"，这三个问题分别是：

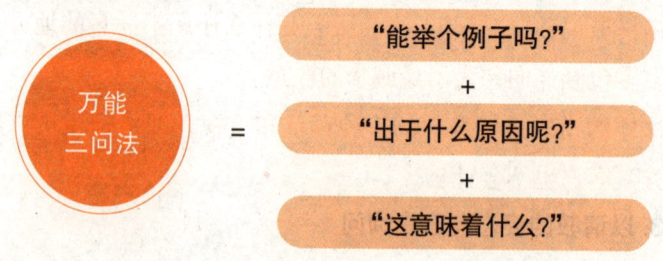

这三个问题都有其独特的作用。

"能举个例子吗？" 这个问题可以帮助客户清晰地回忆过去的购物经历。通过客户的回答，销售员可以更深入地了解客户对产品的看法和要求。

"出于什么原因呢？" 这个问题其实是销售员想要了解和挖掘客户内心深处的感受，然后做出相应的销售策略。

在这一过程中，随着销售员的提问客户开始反思，了解到自己的真实需求。

"这意味着什么呢？" 这个问题用于引导客户的后续思考和行动，再次确认他们的想法。在回答了前两个问题后，客户会明确自己对商品的需求，增强购物意愿。销售员得知客户的需求后，

第一章 销冠话术原则

也会更好地为客户解决问题。

我们来看一个具体案例:

销冠:"请问您对想要购买的手机有哪些特别的需求吗?"(引导具体信息)

客户:"我想买一个拍照效果好,电池续航能力强,存储空间大的手机。"

销冠:"这些功能对您来说很重要吗?"(挖掘原因)

客户:"因为我喜欢旅游,经常自拍,所以需要拍摄效果好、续航能力强的手机。"

销冠:"明白了,您需要一款拍照效果好、电池续航能力强、存储空间大的手机。是这样吗?"(确认想法)

客户:"没错,就是这样。"

通过这样的对话,销售员不仅能准确把握客户的需求,还可以为客户精准推荐最适合他们的产品。

· 销冠话术 ·

五分钟的开场白

现在是一个快节奏的社会,每个人的时间都很宝贵,没有人会耐心听一个陌生人长篇大论。所以一旦遇到客户,销售员必须在极短的时间内完成对客户的了解和产品的介绍,达到"先声夺人"的效果。如果做不到,那很可能就会失去这个客户,丢掉订单。

美国著名营销大师雷蒙·施莱辛斯基有一个著名的销售策略——五分钟销售法则。当施莱辛斯基拜访客户时,他会请求客户给他五分钟的时间进行推销。在短短的五分钟内,他会运用自己的销售技巧来完美地展示产品的价值,并对客户有一个起码的了解。而客户在欣赏完他五分钟的精彩推销后,很多都会成为他的忠实客户。

所以短短几分钟的开场白成为销售员展示自己推销能力和商品优势的黄金时间。优秀的推销员会利用这几分钟让客户对商品感兴趣,从而产生购买欲。所以几分钟的开场白对客户非常重要,一定要好好把握。

不过开场白说难也难,说容易也容易,无外乎以下三点:

1. 用"钱"或"利益"引起人的注意

在商品社会中,人们对"钱"或"利益"非常看重,所以如果在销售过程中向客户提及"钱"或"利益",都会引起客户的注意。

比如:"李总,我们这台新机器能帮您工厂提高30%的产量。"
"王经理,这套新的系统可以减少贵公司生产线两个不必要的

环节。"

2. 利用人的好奇心

人都对新奇事物充满了好奇心。在科技日新月异的今天,新奇的科技用品层出不穷,销售员能够利用新科技产品引起人们的好奇心,吸引人们的注意力,让人们驻足观看,从而开始他的推销工作。

比如销售员说:"各位顾客大家好,这是××新款手机,它的电池非常神奇,可以在有光的地方自动充电,省去您每天充电的烦恼。快来看一看啊。"

3. 通过共同认识的人作为媒介

很多人都会对陌生人产生警惕和戒备,所以要想快速获得对方的信任那就提及双方共同认识的人,如亲朋好友、同事上级等,这样就会让对方产生你是"自己人"的感觉,对你的戒备就会降低。

例如,销售员小李想要推广一款新型产品给当地一家大型超市,但该超市的采购经理不认识小李,所以对他推销的产品并不信任。小李说:"经理您好,今天有幸能够拜访您,我是以前经常向您供货的推销员小王介绍来的。今天向您推荐的这款产品是新科技产品……"

采购经理听说小李是以前认识的推销员小王介绍来的,戒备心就降低了不少,会耐心听小李进行推销。小李就是利用熟人推荐的优势,顺利开启了销售合作之路。

· 销冠话术 ·

"讲故事"话术

有金牌销冠曾认为"销售的本质就是讲故事"。这种表述或许略显偏颇,但不无道理。对顾客而言,销售员讲一个好故事远比他说一些干巴巴的商品数据和性能要好。

在销售过程中,故事的说服力主要体现在以下两方面:

1. 故事让顾客感受到一种紧迫感

在销售过程中,顾客总会提出许多担心和质疑,有经验的销售员这时候就开始"讲故事",来促使顾客下决心购买。

比如保险推销员在推销时遭遇顾客拒绝,顾客说:"我现在身体很健康,而且公司给上医保,所以没有必要购买。"有经验推销员会"讲故事":"我有个朋友以前身体一直很好,但后来被诊断出癌症。为了治疗,他不仅花光了所有积蓄,还卖掉了房子。一家老小的生活一落千丈。他十分后悔,如果当初购买医保就不会沦落到这种地步了。所以您应该吸取他的教训,每月付一小笔保险费就可以让您免除后顾之忧。"

客户听了这个故事后会产生一种担忧,在这种情绪下客户更有可能做出购买决策。

2. 故事会触动顾客的"痛点"

如果销售讲的故事能触动客户心中的"痛点",就可以起到促进推销的目的。

请看以下案例:

销冠:"人的一个小小的决策可能对他的生活产生巨大的变化,我可以向您分享一下我朋友的事。我朋友以前是个上班族,

第一章 销冠话术原则

他厌倦了朝九晚六的生活,决定做出改变。"

客户:"他是怎么样改变的?"

销冠:"他决定逃离喧嚣的大都市,到大理去开一家小店。现在他的小店已经成了网红店,许多游客都去那里打卡。不到一年时间,他就收回了投资,并开始盈利。"

客户:"这确实很励志。"

销冠:"所以说有时候我们需要勇敢地做出决策,才能抓住机遇,才能改变我们的人生。比如现在您面临的这个选择,虽然投资会给您带来一定的财务压力,但它何尝不是您改变的一次机会呢?"

在这个案例中,销冠通过讲述一个朋友成功开店并快速盈利的故事,触动客户的"痛点",最终鼓起勇气决定投资。

讲故事销售法的魅力在于它能够避免直接讨论敏感话题,用故事替代论述,更能触动顾客的情感,让他们感同身受,从而下定购买决心。

好的"讲故事"话术要有下面六要素:

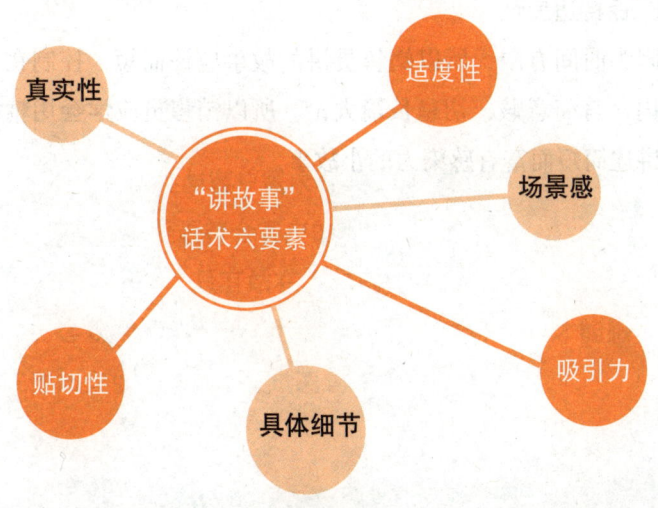

· 销冠话术 ·

1. 追求真实性

销售员所讲述的故事，无论是道听途说还是亲朋好友的经历，都必须合乎情理和常识，遵循基本的逻辑，切记不能胡编乱造，信口开河。

2. 确保贴切性

销售员讲的故事应与销售的产品或服务、客户的背景紧密相关，不能风马牛不相及。

3. 注重具体细节

销售员在讲故事时，应该加入时间、地点、人物、情节和数据等，这些细节可以增强故事的说服力。

4. 提升吸引力

销售员讲的故事要具有趣味性，能吸引客户，切忌无聊无趣。

5. 营造场景感

销售员讲故事时应该声情并茂，配上恰当手势、表情、语音停顿和语调变化，把客户带入故事的情境中，帮助客户更好地融入故事场景。

6. 保持适度性

因为时间有限，所以销售员讲的故事应该简短，控制在几分钟之内，言简意赅，切忌长篇大论。所以销售员应学会用精练的语言讲述简短而富有感染力的小故事。

第一章 销冠话术原则

销冠的语言艺术

销售工作很大程度是语言的艺术。如何说话、何时说话、说什么话，是销售员的必修课。

销售员一定要切记在推销时我们不是在进行自我演讲，而是要以客户为中心为重心，所有的话都要解答客户的需求和疑虑，所有的话都要为销售服务，引导他们下决心购买。

另外，销售语言不仅要准确、专业，更要态度温和，让客户在听到我们说话时不仅能感受到我们的专业和真诚，更是一场愉悦的交流体验。

在说话的技巧上，销售员普通话要标准，不能有严重的方言，语速适中，态度平和，语句得体，让客户有一种轻松的感觉。

我把销售员的话术归纳为几个原则：

1. 文明用语不离口

在与客户交流时，销售员应始终保持文明和礼貌，"谢谢""请""好的"这样的礼貌用语不离口。

2. 语言能让客户听懂

如果客户讲当地方言，销售员最好也讲当地方言，这样有助于交流。但在当今社会，销售员一般来说应该熟练掌握较为标准普通话，这样有助于销售工作，绝对不能出现客户说普通话而销售员说方言的情况。

3. 采用简单易懂的语言表达

销售员在推销时应该使用通俗易懂的口语，这样有助于客户的理解，切忌使用书面语或者夹杂大量外文词汇的语句，以及大

量的专业词汇。因为这些会让客户感到难以理解，不利于彼此顺畅沟通和客户关系的维护。

4. 言谈之中需注意分寸

在与客户交谈时，销售员要时刻注意自己的言辞，尤其是要注意以下几点：

- 不要在客户兴致勃勃时打断他们的话，这会让他们十分扫兴，会对销售员产生反感；
- 不要不懂装懂，对不了解的事简单说几句带过即可；
- 不要在客户面前讨论他人的隐私和缺陷；
- 不要说容易引起争议的话题；
- 不要爆粗口等。

此外，销售员还要注意不要有过多的肢体动作，不要唾沫横飞，口头禅也不要过多，因为这些细节都会被客户看在眼里，影响他们对销售员的观感。销售员的语言要始终围绕产品和服务，不要让无关的语言或信息影响客户的注意和判断。

怎样联络客户

如何与客户联络是一门大学问，也是每个推销员应该掌握的基本技能。

当你准备向一个陌生的客户进行电话推销时，开场白要说什么才会吸引客户听下去而不是立即挂断电话？

当你去地推的时候，怎样轻松地获得客户的电话号码？

在大庭广众进行产品推销，要说什么话才能让大家停下脚步驻足倾听呢？

在倾听客户说话时，我们还要听出他们话语中的弦外之音，了解他们的潜在需求。当我们邀约客户时，客户表示无法确定时间时我们该怎么办？我们在添加客户微信时，怎样做才能减少被拒绝的概率？当我们添加了客户微信，我们第一条信息该写些什么才能让客户对我们感兴趣？如果客户对我们的信息不回复甚至态度冷漠，我们该如何进行下一步？

在这一章中我们就为你提供解决方法。

怎样巧妙地获得客户的电话号码

做销售最重要的是要有大量的客户，如何获得客户的电话号码是第一步。但我们都知道，一般人为了防止电话骚扰都不愿意把电话号码告诉其他人，尤其是推销员。那么，如何巧妙地获得客户的电话号码呢？

首先，就是不要怕被拒绝。销售尤其是做地推（地面推广）其实是一个不断被拒绝的过程，这对推销员心理素质有极高的要求。不要害怕被拒绝，要"厚脸皮"，要坚定"别人的拒绝就是对我们的磨炼"的信念，唯有怀着这样的信念才能做好推销工作。

在所有的推销方式中，地推作为直接与潜在客户面对面接触的销售方式，更是经常遭遇各种形式的拒绝。但地推仍旧被大力推崇，这是与它独特的优势有关。

地推的优势是通过与客户面对面交流与接触更直接地了解客户的需求，实现精准营销，锁定目标客户群体，减少信息传播的中间环节，从而提高营销效果。

当然，地推也要讲究方法，不能蛮干，我们可以用心理学上的**好感效应**来帮助我们工作。

好感效应是指公众对宣传者的情感态度直接影响其对宣传内容的接受程度。如果公众对宣传者有好感，他们更可能接受宣传者的观点；反之如果公众对宣传者有反感，他们则可能拒绝宣传者的观点。这种效应在各种宣传活动中都很常见，无论是新闻宣传还是人际交流，情感关系的好坏都会显著影响信息的传播效果。

如果我们能够利用心理学上的好感效应，对我们的工作能起

第二章 怎样联络客户

到事半功倍的效果。销售员不但能轻松要到精准客户的联系方式，增加客户对销售员的信任，还能为双方建立稳固的合作关系打下基础。

以下是好感话术模式：A + I。

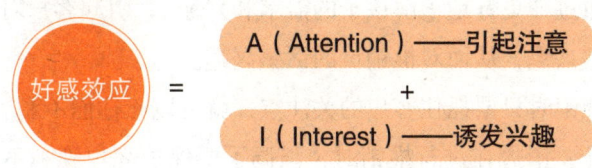

现在让我们看看使用和不使用好感效应会起到什么样的不同效果。

> ⊗ **普通话术：**
>
> 　　销售员："您好，我是××培训机构的。我们有个课程特别适合您的孩子。您有兴趣了解一下吗？能告诉我您的电话号码吗？我给您详细介绍一下。"
>
> 　　客户："暂时不太需要，谢谢！"
>
> ✓ **销冠话术：**
>
> 　　销冠："您好，我是××少儿培训机构的销售代表，给您的孩子准备了一份小礼物。"
>
> 　　客户："谢谢。"
>
> 　　销冠："我们公司是专注于为孩子提供高质量的教育服务，帮助他们发掘潜力、培养兴趣。我们会尽全力为孩子提供最好的教育服务。我看到您的孩子非常聪明活泼，为了更好地了解孩子的需求和兴趣，能否留下您的联系方式，以便与您更好地沟通？您放心我们会尊重您的隐私，不会随意打扰到您。"
>
> 　　客户："好的，我的电话是……"

· 销冠话术 ·

　　在以上的案例中,我们可以清楚地看到是否运用好感话术的区别。

　　销冠运用好感话术,以赠送小礼物的方式先引起客户的注意,获得了客户的好感。然后又借此机会跟客户介绍自己的身份和来意,再通过"更好地了解孩子的需求和兴趣",引起客户对子女教育的强烈兴趣,从而对推销员的话感兴趣。

　　在推销时只要抓住客户的关注点,就可以无往而不利。

　　另外,销冠在进行推销时,强调了要保护客户隐私不会随意打扰,进一步加强了客户的信任感。这一点也是非常重要的。

第二章 怎样联络客户

第一句话决定成败

作为一个推销员,开口向客户推销的第一句话至关重要,可以说第一句话决定成败。

那么推销员第一句话应该说什么呢?第一句话一定不要直接推销商品。因为客户在看到推销员第一眼时就有一种潜意识的抗拒心理,如果这时推销员第一句话不能抓住客户的心理,那只会让客户走掉。

当代最权威的推销专家戈德曼博士曾说:"在面对面的推销中,第一句话至关重要。"这就是心理学上的<u>首因效应</u>。首因效应,也称为首次效应、优先效应或第一印象效应,指的是在人际交往中,第一次交往过程中形成的印象对今后交往关系的影响,即"先入为主"带来的效果。

为了尽快吸引客户的注意力,我们可以利用这样的一个句式:P+V。

首因效应 = P(Praise)——赞美(给予客户肯定、欣赏和赞美)
\+
V(Value)——价值(高价值认定+高价值回馈)

客户:"我想看看实木地板。"

⊗ **普通话术:**

销售员:"好的,我们这里有很多种实木地板供您选择。"

· 销冠话术 ·

客户："一平方米多少钱？"

销售员："这款地板的价格是每平方米350元，算是中档价吧。"

客户："我再看看吧。"

✓ **销冠话术：**

销冠："先生你的眼光真好，这款地板是我们公司销售量最好的产品呢！"

客户："一平方米多少钱？"

销冠："这款产品，折后的价格是一平方米350元。"

客户："好像有些贵，还能便宜点吗？"

销冠："我们近期做团购活动，还真能给您一个团购价的优惠。"

客户："优惠价是多少钱一平方米？"

销冠："是这样的，团购价是10户以上才可以享受。您可以先交一笔定金，再让我们的设计师去测量一下，您看怎么样？"

客户："可以。"

从以上案例进行分析，销冠一开始就称赞客户"您的眼光真好，这款地板是我们公司销售量最好的产品"，通过称赞客户让客户对销冠产生好感；进而销冠又趁机说最近在进行团购优惠活动，让客户产生了害怕错过的危机感，促使客户尽快下决定。销冠还让客户交定金，以此来增加客户的沉没成本。就这样，销冠完成了这一单。

第二章 怎样联络客户

如何听出客户的话外话

什么技能对销售人员来说是最重要的？相信大多数销售员都会说是口才。许多销售员一见到顾客有购买意向，便滔滔不绝地向客户进行推销。但很多顾客听得大皱眉头，敷衍两句然后转身离去。那么问题出在哪里呢？

问题就出在口才上。有些销售员片面地认为口才的重要性，但却忽视了倾听的重要性。因为销售过程是一个互动的过程，而不是销售员个人演讲表演。在销售过程中，倾听客户的需求至关重要。因为只有仔细倾听了客户的需求，才能有针对性地向客户推荐商品。

在心理学上这叫做**倾听效应**。当有人在仔细倾听自己的诉说或诉求时，人们才感觉到自己被重视，才更愿意分享更多的信息。

我们来分解一下倾听效应的句式：A+Q。

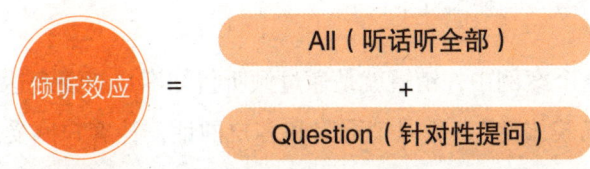

作为一个合格的销售员，一定要先学会倾听，真正地了解客户的想法，确认客户的需求，最终才能为客户提供更精准、个性化的服务或商品。

下面我们来看案例：

 ·销冠话术·

客户:"我上个星期去巴黎度假,看到一条非常好看的项链,我想来你们这里找找。"

⊗ **普通话术:**

销售员:"那您看到的项链是什么样子的,金项链还是宝石项链?"

客户:"在你们这里没看到,我再去别家看看吧。"

✓ **销冠话术:**

销冠:"巴黎啊,浪漫之都,我做梦都想去呢。"

客户:"是啊,我也是很多年前就想去了。"

销冠:"你看到的那条项链一定是非常特别的,跟我说说一下它是什么样的?"

客户:"它是一条金色链条,上面镶嵌着一些珍珠,非常闪亮,最下面是一个心形的蓝宝石。"

销冠:"哇,听起来真的非常漂亮!虽然我们店里可能没有您说的那条项链,但我们可以给您推荐一些类似款式。如果您不着急,我们可以给您定制一条。您觉得怎么样呢?"

客户:"那太好了!"

在这个案例中,销冠就是通过倾听得知客户想要表达的意思是"去巴黎旅游",所以销冠附和客户的话,让客户感受到了尊重。销冠又顺势通过引导知道了客户所需的项链款式,然后通过提问更详细地了解客户的需求。最后虽然店里没有这条项链,但销冠根据客户的需求,提供了合适的建议,引导客户购买类似款式或定制,成功进入购买流程。

第二章　怎样联络客户

如何与客户确定邀约时间

许多销售员都遇到过这样的情况，就是电话、微信、地推时与客户聊得很好，但到了约见面的时候，客户却推三阻四不愿意见面。这让推销员十分困惑，为什么客户会这样？自己究竟在哪一步犯了错？

其实，这与销售员的话术有关。许多销售员的话术，如"您现在忙吗？""您什么时候方便？"

客户一听到这种话，大多数都会回答"我现在忙。""正在忙，有空再说。"

面对这种拒绝，销售员该怎么办呢？这时候我们就应该了解心理学上的一个法则——**潜意识暗示法则**。潜意识是指人类心理活动中未被觉察的部分，是人们"已经发生但并未达到意识状态的心理活动过程"。

销售中的潜意识暗示法则表现为三部分：**提出有效需求假定＋提供有针对性的产品＋提出合理约见假定**。

如果我们用潜意识暗示法则来进行邀约客户，会起到意想不到的效果。

比如，销售问客户："您现在忙吗？"客户一般情况下都会顺嘴说："忙。"因为这是潜意识的暗示。

如果销售问客户："您现在不忙吧？"这时候就会有相当一部分客户在潜意识暗示下说："不忙。"

虽然"您现在忙吗？"和"您现在不忙吧？"两者的意思差不多，但得到的答案却不一样。这就是利用了心理学上的潜意识暗

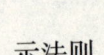

· 销冠话术 ·

示法则。

如果客户说"忙",销售员就无法再进行下一步了。而客户说"不忙",那么我们才可以继续进行下一步。

我们看下面的案例:

⊗ 普通话术:

销售员:"您好,王总,您最近忙吗?我们公司新推出了一款电动汽车,您什么时间来看看?"

客户:"我最近忙,以后再说。"

✓ 销冠话术:

销冠:"您好,王总!我是新速度汽车公司的销售小刘。我听说您最近想换一台车,正好我们公司推出了一款新型电动汽车,非常适合您。明天您要是有时间的话,我开车去您公司请您试驾,您看怎么样?"

客户:"可以,那你明天上午九点来吧。"

通过以上案例,我们可以看到"您什么时间来看看?"这种问句等于是把主动权交给了客户。但如果说"明天您要是有时间的话"就是销售员反客为主,假设客户的时间是确定的,掌握了话语的主动权。

这在销售中叫**假设确认法**。使用假设确认法,会让销售员在与客户的互动中占据主导地位,提高邀约的成功率。

第二章 怎样联络客户

如何通过微信与客户联系

现代社会中微信作为一款使用广泛、用户量多的社交软件,已经成为现代人必不可少的社交工具。销售员有了客户微信就意味着有了可以与客户沟通的渠道,而这种渠道不用面对面进行交流,省时省力,这对销售来说无疑是一个巨大的优势。

因此,如何加客户的微信,成为销售员必备的业务素质。

如果销售员直接上前去索取客户的微信就会显得不礼貌,对客户有些冒犯,让客户反感,很可能会遭到拒绝。

所以销售员必须采用一种容易让客户接受的方式,不要让客户觉得销售员加自己微信是为了销售,而是把微信当作一个沟通交流的社交软件,销售员加客户微信只是为了向客户提供服务。

这就要提到销售技巧中的**迂回法则**。

迂回法则是一种战术,指不直接与敌方接触,而是在更大范围内对敌方进行包围,最终达到战役目的。这种策略在军事上常用于隐蔽攻击,避免直接冲突,通过迂回包抄达到目的。

具体表现在销售过程中就是如果推销员直接向客户要微信,客户为了避免麻烦,通常情况下都选择了拒绝。所以这时候销售员就要使用"迂回法则",就可以有效避免这些问题,成功加到客户微信。

日本著名的销售大师尾上忠史曾提出过一个非常有名的沟通方法叫作**O + A 句式法**,这个方法强调在销售或沟通中要先明确一个有利于对方的目标(Objective),再提出一个能达到该目标的行动或建议(Action),并以一个名词的形式将两者结合起来形成

· 销冠话术 ·

一个简洁有力的表达。

具体来看以下案例:

> ⊗ 普通话术:
>
> 　　销售员:"您好,××家长,能添加您的微信吗?这样可以方便我们沟通。"
>
> ✓ 销冠话术:
>
> 　　销冠:"您好,××家长,我们公司最近推出了一套精选的绘本,正好符合您宝贝的年龄段。您加一下我的微信,我可以把这套书的电子版转发给您。如果您在育儿过程中遇到任何问题,也欢迎随时向我咨询,我可以为您提供一对一的VIP服务。"

　　从以上案例来看,销冠话术比推销员的话术要高明很多,他采取迂回话术,让客户感觉到能够提供实实在在的价值,所以就会很自然地与推销员交换微信。

　　人际交往的本质是你能给对方带来价值。当我们能够为客户提供价值的时候,就会获得客户的信任,很容易就加上客户微信了。

第二章　怎样联络客户

怎样让客户在微信上很快回复你

通常情况下，推销员在联系客户时会发送信息"在不在？"但这句话十分没有价值，客户一般不愿意回复。

这时候我们就该改变询问方式，比如说：

"王总，上次您看的设备考虑怎么样了？"

"张老师，您上次咨询的××证，想什么时间报名？"

需要说明白的是，即使是这样提问信息，客户也有可能不回复。因为客户认为不回应并不会给他们带来任何损失，所以这样的提问方式也有缺点，让客户没有紧迫感或明显的利益驱动。

那么有价值的信息是怎样的呢？我们可以尝试一种被称为"正话反说"的沟通技巧。这种方法巧妙地利用了心理学上的**损失敏感效应**，让客户觉得如果不采取行动及时回复你，他们可能会失去某些东西。

损失敏感效应是心理学中的一个重要概念，它揭示了人们对损失和获得的敏感程度是不同的。在通常情况下人们对损失的敏感度要远高于对获得的敏感度，具体来说就是失去财富或机会所带来的痛苦往往大于获得相同价值所带来的快乐。例如丢失100元所给人带来的痛苦远远超过了得到100元所带来的喜悦。

所以在销售过程中，我们可以利用这种心理效应来引导客户。

当客户不回复我们信息的时候，我们可以运用"损失敏感效应"来提醒或暗示可能会失去某些有价值的东西。我们可以使用**失去框架法句式**话术让客户觉得如果不及时回应，就可能会错过某些重要的机会。

·销冠话术·

"失去框架法句式"结构如下:

××产品,不需要了,是吗?

××课程,不考虑了,是吗?

××商品,不需要预留,对吗?

⊗ **普通话术:**

"王总,上次您看的那款限量版跑车还要不要?"

✓ **销冠话术:**

"王总,上次您看上的那款特价跑车,不需要为您保留了是吗?"

普通话术的特点是简单直接,但这样的询问方式会让客户产生逆反心理,从而丧失订单。

而销冠通过这样的问话方式,暗示了客户如果不采取行动,他就可能会失去这个机会。这种问话方式容易激发客户的紧迫感,让他们尽快做出决定。

不过需要注意的是,我们的这种询问方式要提醒客户"损失"是实实在在有价值的,比如说特价商品、限量版商品、高附加值的服务等,而不是可有可无或者随时可以再获得的商品或服务。

只有在这样的情况下,使用失去框架法才会更加有效和合理。

第二章　怎样联络客户

如果客户拒绝该怎么办

在我们推销时经常会遇到给客户发微信不回信息的情况，给客户打电话不接听的情况，这其实就是在拒绝与销售员进行联系。

遇到这样的客户我们应该怎么办呢？

首先当然不能放弃，而是要继续联系，但要讲究方法。

在继续联系之前，我们要分析一下客户拒绝与我们沟通的原因是什么。

先从我们自身找原因，是我们的产品问题还是服务问题？再从客户身上找原因，或许客户本来就不需要我们的产品。

其次，与客户再次联络的时间一定要有一段间隔，让客户的情绪平定下来之后才行。如果客户明确表达了不满或者反感，可能需要更长的时间来平定这种情绪。

让我们来看以下具体案例：

> ⊗ **普通话术：**
>
> 推销员："王女士您好，我是之前联系过您的××美容院的小张，您上次咨询的体验项目考虑得怎么样了？"
>
> ✓ **销冠话术：**
>
> 销冠："张姐您好，我是××美容院的小张，上次您想体验的项目，我给您争取到了一份免费试用体验卡。您周日有时间吗，可以来我们店里体验，我给您留位置。如果您对这个项目有疑问，我可以给您仔细讲讲。"
>
> 客户："好的，我周日去试试。"

· 销冠话术 ·

当第一次与客户沟通不成功后,客户就会对销售员有了防备心理。如何打破客户的这种心理呢?这时候我们就该利用一个心理学中的效应——登门槛效应。

这一效应是在无压力的屈从——登门槛技术的现场实验中得出的。

在实验开始时,实验者先让助手向一个小区的居民提出一个小的要求,比如在一份呼吁安全行驶的请愿书上签字。这个要求并不过分,所以被大多数居民接受。

在一段时间后,助手们再次向这些居民提出一个要求,就是在临街的房前竖起一块写有"小心驾驶"的大标语牌。结果显示,之前接受了第一个要求的居民大多数都会接受第二个要求。

这个实验证明了登门槛效应的存在,即一个人一旦接受了一个微不足道的要求,为了避免认知上的不协调,或为了给人留下前后一致的印象,就有可能接受更大的要求。

用登门槛效应来解释我们以上的案例。

如果在与客户再次沟通时,直接讨论项目很可能会让客户产生反感情绪。因为客户认为我们的目的性太强,是强行推销,而不是在真正关心他们的需求和利益。

相反,如果我们用一些小事逐步与客户建立信任和亲近感,那么客户就有可能对我们的项目产生兴趣。如果我们再逐渐将话题转向我们的项目,给予客户一些优惠,比如提供一些免费的资源或服务,让客户体验到我们的产品和服务。当客户对我们的项目产生浓厚的兴趣时,就会与我们建立长期稳定的合作关系。

第三章

如何与客户建立信任

信任是品牌与客户之间的桥梁。有了信任会让销售事半功倍。如果没有信任,即使产品再优质也可能无人问津。

所以,如何与客户建立信任,成为每个销售员必须掌握的技能。

在初次接触客户时,该如何避免他们对销售员产生抗拒心理?

在推销产品时,我们是用朴实无华的语言展示真诚,还是用金句来触动客户的心灵?

是通过微信群、朋友圈、公众号来对产品铺天盖地大规模宣传,还是主动向客户介绍他们陌生的产品呢?

在客户对产品效果产生疑问时,我们应该如何巧妙地回复才能打消他们的疑虑?

在与客户的对话陷入僵局时,又该怎么做才能够挽回?

在这一章里,我们一一探讨这些关于建立与挽回客户信任的技巧,帮助你在销售过程中应对自如,赢得客户的信任,取得销售佳绩。

 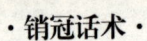

建立信任的核心是真诚

我们从事销售行业与客户建立信任是非常重要的。而建立信任的核心则是真诚,详细地说就是我们用真诚的态度来对待每一位客户。而建立信任的核心,就在于我们能否以真诚的态度对待每一位客户。

但在我们推销工作中,很多销售员说:"我对待客户特别真诚,但是客户对我的防备心特别强,就是不相信我。"这种情况是普遍存在的。因为客户认为我们推销员的目的就是向他们推销产品,所以即使我们再真诚,客户也认为我们的真诚是有目的的。

不过我们不能因为客户对我们有误解就放弃真诚原则。我们应该充分利用心理学中的**真诚效应**,以真诚的态度和行动去赢得客户的信任。

我们用以下案例来具体分析一下:

> ⊗ **普通话术:**
>
> 销售员:"您好,我是××公司的销售代表,我向您推荐一款新产品。这款产品的性能优秀,价格合理。"
>
> 客户:"那你给我详细介绍一下。"
>
> 销售员:"好的。这款产品采用了最新的技术,操作简便,耐用性好。您可以放心购买。"
>
> 客户:"好的,我考虑一下再做决定。"
>
> ✓ **销冠话术:**
>
> 销冠:"您好,我是××公司的销售代表。我听说您公

第三章 如何与客户建立信任

> 司的设备最近在考虑升级,是吗?"
> 客户:"是的,我们现有的设备已经老化了,正在考虑换新的。"
> 销冠:"我在这行工作十五年了,我先帮您看看是需要全部更换,还是只是升级一下少数部件就行。"
> 客户:"那真是太好了,谢谢!"
> 销冠:"您希望升级设备后,达到什么样的效果?"
> 客户:"当然是希望提高生产效率,同时减少故障。"
> 销冠:"明白了。那您有没有具体的预算或时间安排呢?"
> 客户:"明天上班来我办公室详细聊一下。"

通过上面的对话我们来分析一下销冠的推销话术有什么特点呢?

第一,他们站在客户的角度想客户之所想,为客户考虑,这会让客户对他们产生信任感。

第二,客户对他们来说更像是朋友,因此客户会放下戒备心,迅速拉近与客户之间的距离。

第三,他们不会趁客户有需求进行强势推销,而只适时提供有益的建议。这样一来,客户购买他们的产品就水到渠成了。

在销售中,这样的销售员更容易赢得客户的信任,因为他们不仅仅是在销售产品,更是用真诚在为客户提供服务。也正因为如此,他们才能与客户建立长期合作关系。

·销冠话术·

如何在短时间内赢得客户信任

在上一节中我们提到真诚是赢得客户信任的关键。但是在实际销售过程中客户与销售员之间的交流时间很短暂,如果我们不能在短时间内用真诚的语言来赢得客户的信任,那么客户就会离我们而去。那么销售员如何能在很短的时间内甚至只用一句话,就让客户对你产生信任呢?

在心理学上有一个同理心效应。同理心效应是指设身处地站在交流者的角度考虑问题,体验对方的情绪情感,了解其内心的感受和想法。同理心效应含有两个要素:一是对他人情绪的认知,即直觉技巧;另一个是对他人情绪的反应,即沟通技巧。同理心是人类基本的情感需求之一。

销售员表达出对客户需求的理解就能够迅速拉近与客户的心理距离,与客户建立初步的信任关系。当客户感受到销售员真诚时,他们才会接受销售员的建议,购买产品。

下面我们举例说明:

> 一位客户正在考虑购买一款新手机,但怀疑手机电池的续航能力小。
>
> ⊗ **普通话术:**
>
> 销售员:"您不用担心电池续航问题,我们这款新出的手机的电池续航能力非常强大。"
>
> 客户:"我现在用的这款手机电量比较小,总是不够用,所以我比较担心这个问题。"
>
> 销售员:"我敢向您保证我们的手机不会出现续航不够的问题。"

第三章 如何与客户建立信任

> ✓ **销冠话术：**
>
> 销冠："我完全理解您对电池续航的担心。我也遇到过这样的问题，手机充满电后没怎么用就没电了。但这款新出的××手机的电池续航能力超强，绝对不会出现这种问题。还有就是把手机里不常用的软件关闭，可以节省电量。"
>
> 客户："那太好了，拿这款手机让我看一下。"

我们把销冠的句式结构拆分一下，就是同理心效应中的 A + T + I 模式：

A（Attention）：开头的话吸引客户。"我也遇到过这样的问题"表明自己也曾遇到这种问题，会让客户与推销员产生心理共鸣，会拉近推销员与客户的距离。

T（Transition）：中间连接过去经验。销售员要详细讲述自己遇到的问题，让客户产生更强烈的共鸣。

I（Interest）：提供解决方案。推销员说出自己的解决方案，引起客户的兴趣。

从上面案例我们可以看出，销冠巧妙地运用同理心效应打消了客户的疑虑和担心，激发客户想要进一步了解商品的兴趣。销冠又分享了自己的经验，增加了客户对他的信任。这种话术让客户产生了一种"感同身受"的感觉，认为自己被销冠重视和理解，从而对销冠产生了信任。最后销冠还给客户介绍了产品特点和提供了解决方案，进一步赢得客户的信任。

· 销冠话术 ·

如果客户说"没听说过你们这个品牌",销冠该如何回答

我们在跟客户介绍项目和产品时,有时候会听到客户说:"我没听过你们这个品牌。"这句话听上去确实不太友好,但我们销售员不能被客户的话影响情绪。

这时候我们该如何回答呢?如果回答不好,这个客户就流失了,反之,我们就可以赢得这个客户。

让我们看一下具体案例:

> 客户:"我没听说过你们这个牌子。"
>
> ⊗ 普通话术:
>
> 销售员:"我们这个品牌是个老品牌,都十几年了。而且还是全国连锁的,在全国有700多家连锁店呢。"
>
> ✓ 销冠话术:
>
> 销冠:"没听过我们的品牌,那可能是我们宣传工作做得不到位。其实我们是个老品牌,一直以来我们都把重心放在产品质量和服务上,有点忽视营销和宣传。趁这个机会,我给您介绍一下我们这个品牌。"

从以上的话我们可以听出来,第一种对话,销售员急于向客户解释,但他的话在客户听来很不舒服,让客户觉得自己不知道这个牌子而显得很无知。而且客户也并不认为销售员说的话是对的,很有可能认为他是在吹嘘。

第三章 如何与客户建立信任

心理学上有个名词叫**自我宽恕定律**。自我宽恕定律是指人们对于自己的错误、缺点总是轻易原谅，对于别人的缺点和错误却揪着不放，大加指责。不仅如此，人们甚至认为自己的错误都是别人造成的，也就是宽以待"己"、严于律"人"。

这是一种常见的心理状态，在销售过程中，我们必须要利用好这个定律。如果销售员对客户的"错误"指责或者明里暗里的讽刺，那么可想而知这个客户心里是非常不舒服的，也就不会购买这个商品了。

为了避免这种情况的出现，我们在回答时要使用 I + R + S 即**认同 + 反转 + 强化**这个话术公式。具体来说，就是先说对方想听的，获得对方的好感，然后再说对方能听得进去的，最后说你应该说的。

I（Identification）：认同。先表示认同客户说的话，让客户感受到被尊重。

R（Reversal）：反转。回应客户的疑问，并进行合理的解释，然后进一步把话题引到自己的优势上来。

S（Strengthening）：强化。最后再将产品的优势、卖点等讲出来，为进一步合作做好准备。

通过这样的方式，我们不仅能够有效地化解客户的疑虑，还能展示我们的产品的优势，让客户感受到被尊重，从而获得进一步合作的机会。

初次接触客户如何巧妙绕开抗拒心理

当一个顾客进入店铺，推销员都会走上前去热情推销。但有时候我们会发现，推销员越是热情卖力推销，顾客越是反感，推销员反而达不到目的。

这是因为推销员滔滔不绝的话语会给顾客带来一种无形的压力，让顾客产生一种抗拒心理。

一般客户产生抗拒心理有四种表现形式：

沉默。客户表现冷淡，话语不多。

敷衍。客户会说"随便看看"之类的话，避免与推销员进一步交流。

批评。客户会批评产品或服务，甚至批评推销员本人。

反问。客户会反问推销员一些问题，"反客为主"，这一方面是他们想要进一步了解商品，但同时也是抗拒的一种形式。

如果我们不能化解客户的抗拒心理，那么成交就无从谈起。这时候我们就要用到心理学上的 **南风效应**。

南风效应是一则寓言。北风和南风比赛谁的力量更强大，它们选择了一个穿大衣的行人来打赌，看谁能让他脱掉大衣。

北风向行人大力吹气，刮起大风，想要把行人的大衣吹掉。但行人见刮起了大风，急忙把大衣裹紧。北风吹了半天也没有吹掉行人的大衣，垂头丧气败下阵来。

轮到南风了，南风吸取了北风的教训，吹起了热风。一阵又一阵的热风吹向行人，行人先是解开大衣的扣子，后来实在受不了了，只好脱下大衣。

第三章　如何与客户建立信任

南风效应告诉我们,当我们大力向客户推销,急于卖掉商品的时候,反而不能如愿,因为欲速则不达。客户看到我们热情的态度,立即会产生一种警惕心理,认为你就是想要卖出商品赚他们的钱,所以十分抗拒。

让我们看以下的案例:

> ✗ **普通话术:**
>
> 销售员:"您好,您想要买哪款手机,我给您介绍一下。"
>
> ✓ **销冠话术:**
>
> 销冠:"美女您好,这是我们的新款手机。买不买没关系,您可以先体验一下。这款手机款式新颖,价格实惠,功能强大,续航时间长。目前我们正在搞优惠促销,现在购买的话有折扣。"

以上销冠的话术中"买不买没关系"这句话非常重要,让顾客消除了戒备心理,获得客户的信任,可以放心大胆地去体验产品,这就留住了客户。

然后我们就可以进行下一步,就是后面的"这款手机款式新颖,价格实惠,功能强大,续航时间长。目前我们正在搞优惠促销,现在购买的话有折扣",这句话直接把客户带入了销售环节。在销售中,我们管这个方法叫**解锁法**。

解锁法分为两步:**解除抗拒和锁定价值**。

这个方法分两步走:先通过解除客户抗拒心理让客户没有压力,再锁定价值吸引客户的注意力,最终完成销售目的。

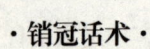
·销冠话术·

如何回应客户"产品效果好吗?"这种问题

如果客户对公司的产品不了解,会经常问"你们产品的效果怎么样?"这类问题。

客户在不了解产品和公司的情况下问出这些问题十分正常,因为彼此之间还没有建立稳定的信任关系。所以在遇到客户问这些问题时,我们的销售员应该如何巧妙回答呢?

请看以下案例:

> ⊗ 普通话术:
>
> "我们的产品质量保证没问题。"
>
> "我们是大公司,肯定靠谱呀。"
>
> "我们的售后 24 小时贴心服务,您可以放心。"
>
> ✓ 销冠话术:
>
> "我们公司这款产品的口碑很好,旗舰店的好评率就达到了 99%,在热卖榜上一直是前三。"
>
> "我们公司已经成立十年了,要是不靠谱早就倒闭了,您说是不是?"
>
> "我们的产品质量都是很好的,如果有问题您可以找售后,24 小时在线。"

面对客户对产品的质疑,销售员仅仅做出肯定的回答是不够的,因为缺乏说服力,难以打动顾客。所以这时候我们需要运用心理学的**信任状**来打消客户的疑虑。

"信任状"有很多表现形式。

第三章　如何与客户建立信任

通过使用精确的数字，如好评率就达到了99%，在热卖榜上一直是前三，来展示产品的受欢迎程度，让客户对产品产生信任感。

强调公司的历史，如我们公司已经成立十年了，可以让客户产生公司有实力和稳定性的感觉，增加对公司的信任程度。

凸显售后服务贴心，如售后24小时在线，表现公司的专业性，打消客户购买后的顾虑。

需要说明的是，在用数字来表现信任状的时候，要注意以下几点：

关联性。销售人员向客户所说的数字一定要有关联性，一定要给客户一个精准的答案。比如上面案例说的"好评率就达到了99%"就非常直接。而给客户说一个模糊的数字，客户会认为销售员在敷衍。

精确性。销售人员在给客户的回答中一定要数字精确，比如"好评率就达到了99%"，可以凸显产品的优秀和销售人员的专业性。

可靠性。销售人员所说的数字来源一定要准确可靠，不能信口雌黄，如果被客户揭穿，那就闹出大乌龙了。

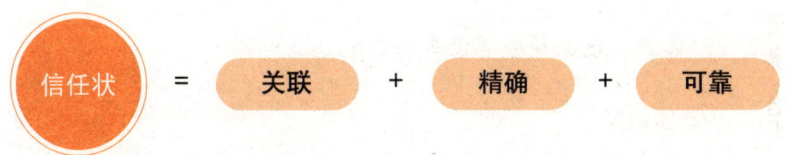

信任状 = 关联 + 精确 + 可靠

掌握这三个原则才能更好地展示"信任状"，从而获得客户的信任，开展下一步销售活动。

·销冠话术·

说什么话可以迅速获得客户信任

许多销售员在向客户推销产品时，常常倾向于过度美化甚至吹嘘产品，把产品说的天上有地下无，但这样并不能起到很好的效果。顾客反而觉得你这个人夸大其词，很不诚实，为了销售嘴里没一句实话，所以会对推销员和商品产生一种不信任感。

但有经验的销售员除了向顾客介绍产品的优点外，还会"有意无意"地告诉顾客一些产品的"不足之处"。顾客听了之后会觉得销售员是一个"诚实"的人，值得信赖，从而对他产生好感，进而增加对商品的兴趣。

这种话术在心理学上被称为**自我暴露原理**。

在心理学中自我暴露原理是一种人际交往法则。适当自我暴露，无论是暴露自己的弱点还是真实想法，通常都能够增加他人对你的好感和信任，并使对方也更愿意向你说出自己的真实想法。

让我们看看以下案例：

> 客户：这款商务笔记本的性能怎么样？
>
> ⊗ **普通话术：**
>
> 销售员："这款商务笔记本外观时尚，屏幕清晰，各种硬件都是今年的产品，而且是大厂家出品，有质量保证，是您移动办公的最佳选择！"

第三章 如何与客户建立信任

> ✓ **销冠话术：**
>
> 销冠："如果您注重的是笔记本外观，那这款可能不适合您。因为它主要是针对一些经常需要出差移动办公的高级商务人士，所以它配备了高性能硬件和大容量电池。比起其他娱乐性笔记本，这款在外观上显得有些厚，重量上也要稍微重一些，所以便携性不是很方便，但它充满电之后可以持续工作24小时。"

从销冠的话术中我们可以感受到，销冠表面上是在暴露商务笔记本外观厚重的"缺点"，其实是在夸赞商务笔记本的续航能力强。如果客户是一个商务人士，就会感受到你是在根据他的实际需求给出建议。

如何具体运用自我暴露的话术呢？我们可以采用 N + M + B 话术结构：

需求（Need）+ 匹配（Matching）+ 利益（Benefit）

N：重申客户的需求。

M：将产品特性与客户需求相匹配。

B：分析产品是否符合客户的利益。

在销售过程中，只有站在客户的角度分析需求，并以此来选择产品，客观地展示产品的优势与不足，这样客户才能感受到你是站在他的立场考虑，就会迅速建立对你的信任。

·销冠话术·

如何挽回客户的信任

推销员在推销的过程中经常会碰到某些客户,他们可能觉得价格偏高,但不直接说出来,而是通过挑剔产品的不足之处来旁敲侧击地暗示销售员降价。虽然有些销售员觉察到了他们的意图,会针对顾客的挑剔进行解释或反驳,企图化解顾客的降价企图。如果双方都不让步,这就让推销过程陷入僵局。

如果不能及时化解僵局,那么顾客的情绪就会持续走低,这单生意就会泡汤了。所以有经验的销售员就要及时化解僵局并继续推进销售过程,这时候我们就要用上心理学中的一个概念——**透明度错觉**。

透明度错觉揭示了人性的一个有趣现象。它指的是人们会产生一种错觉,认为别人能够明白自己话语或动作所要表达的隐藏意思,不需要自己直接说出来或者做出来,自己的心思是透明的。但事实上这只是一种错觉,没有人可以完全理解他人话语或动作中所要表达的隐晦意思。

在这种情形之下,一个有经验的销售员就不能只回应顾客的挑剔话语,而应该明白顾客挑剔话语中所隐含的真实意思和需求。只有这样,顾客才会感受到自己的意思被销售员理解,会对销售员产生信任感。

现在举例说明:

第三章　如何与客户建立信任

> 客户："你们的服务流程太烦琐了,而且产品颜色选择也太少了。"
>
> ⊗ 普通话术:
>
> 　　销售员："我们的服务流程是经过精心设计的,并不烦琐,而且产品颜色选择也并不少啊!"
>
> ✓ 销冠话术:
>
> 　　销冠："您对我们的服务流程和颜色选择有些意见是正常的,毕竟每个人的感觉是不一样的。您有这样的感觉会不会是因为您觉得我们商品价格略高?让我给您详细解释一下我们的定价策略,还有我们为什么在服务流程和颜色选择上这样做……"

在上面的这个案例中,销冠在与顾客的交流陷入僵局时,采用了 **S+N+E 法**来迅速打破僵局。

这个方法包含了三个步骤:

第一步,概述现状(Situation):"您对我们的服务流程和颜色选择有些意见是正常的,毕竟每个人的感觉是不一样的。"

第二步,明确需求(Need):"您有这样的感觉会不会是因为您觉得我们商品价格略高?"

第三步,给予阐释(Explanation):"让我给您详细解释一下我们的定价策略,还有我们为什么在服务流程和颜色选择上这样做……"

推销员千万要牢记不能仅仅反驳顾客表面上提出的挑剔问题

· 销冠话术 ·

并和他争辩,因为这样做没有太大的意义,甚至会适得其反。推销员要深刻洞察顾客话语背后的真实需求,然后再向顾客表示你完全可以满足他的所有或明或暗的需求,从而打破僵局,赢得顾客信任,推进销售进程。

第四章

了解客户需求

在销售领域有这样一句话:"销售就是满足客户需求的过程。"但在这个过程中,许多销售员由于个人或者环境的原因,无法精准地找到客户的"痛点"和"爽点",无法了解客户的需求,导致失去了订单无法提升自己的业绩。

那么,如何才能够更好地了解客户的需求呢?

如何应对客户问"最低多少钱?"

在销售过程中,一些客户因为经济原因所以对价格十分敏感,经常会问销售员"最低多少钱?"如果这个销售员是一个新手,缺乏经验,很有可能会因回答不好而导致客户流失。

下面我们就针对销售员的一些常见错误话术来分析一下原因。

1. 直接说出底价

"您好,这套家具最低售价是6800元,这已经是我们的底价了。"

这句话有两个错误之处。

第一个错误就是如果客户对产品缺乏充分了解,无论你说多低的价格他都觉得贵,没有购买欲望。

第二个错误就是客户已经对市场上的产品有了大概了解,如果报价高了他们就不会买,如果报价低了就会损害商家利益。

2. 不谈价格,转而谈论价值

"您好,先不要说多少钱,咱们先看看产品。我们这个产品是老品牌,有质量保证,货真价实……"

这种回避谈论价格直接谈论价值,会让一些了解产品价值的客户不满意,因为他们会觉得销售员没有直接回答他们的问题,在浪费他们的时间。所以在不清楚客户需求的情况下,直接给出具体价格是不妥当的。

下面我们结合具体案例来说明一下:

第四章　了解客户需求

客户："你们这款笔记本电脑最低价是多少？"

⊗ 普通话术：

销售员："这已经是最低价了。"

✓ 销冠话术：

销冠："您好。我们这个品牌的笔记本电脑有好几款，价格从 5000 元至 8000 元不等，您平时主要用笔记本来做什么？"

从以上案例可以看出推销员和销冠话术的不同。销冠话术运用了心理学上的**巴纳姆效应**。它表现为人们容易相信笼统的一般性的人格描述，认为它特别适合自己，并准确地揭示了自己的人格特点，这种现象被称为巴纳姆效应。

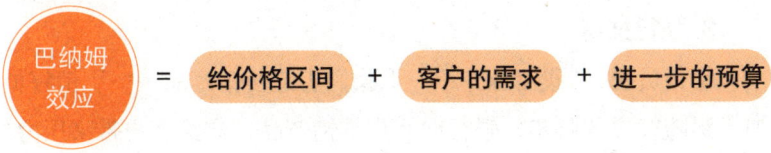

在销售过程中，当销冠给出一个价格区间，能让客户感觉产品更符合他们的预算和需求，从而增加他们进一步了解产品的兴趣。

当客户询问价格时，直接给出一个具体的价格并不合适，因为这会让客户觉得没有选择的余地。如果用巴纳姆效应给出了一个价格范围，一个价格模糊空间，让客户在这个空间中给自己的具体需要选择合适的价格。这种方法特别适用于销售员对客户需求尚不完全了解的情况。

 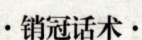

怎么回应客户说"我就随便看看"

许多顾客来到店里说:"我就随便看看。"面对这类顾客,我们销售人员该怎么做呢?让我们看看以下销售人员常犯的错误。

1. 顺着顾客的话说

有的销售员会说:"请随便看看,有需要叫我。"这样回答实际上是缺乏主动服务意识的一种表现,大多数客户很有可能真的随便看看然后离开。

2. 态度敷衍

有的推销员会说:"哦,好的。"在客户听起来,态度非常敷衍,透露出失望,所以会心生不悦和反感,觉得自己被忽视了,会对销售员、店面乃至整个品牌产生负面印象。

3. 强行推销

销售员说:"我给您介绍一下我们店的畅销产品……"销售员如果跟随客户的脚步,强行向客户推销产品,会给客户带来压力,让人心生烦躁和浑身不自在,最终选择离开。

从销售心理学来看,当客户说"随便看看"的时候,很可能是他们还没有发现需要的商品,或者担心销售员向他们强行推销商品让他们产生厌烦。所以这时候销售员可以尝试用**顺应+试探+给予**三步法来应对。

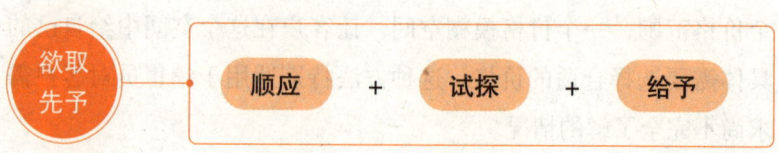

具体看以下案例:

第四章　了解客户需求

客户："我随便看看。"

⊗ 普通话术：

销售员："好的，您慢慢看，有需要叫我。"

✓ 销冠话术：

销冠："好的，您先随便看看，买不买都没关系。我们这里有很多样品，您可以试试，看看喜不喜欢。今天我们店庆，每个来店里的顾客都会免费得到一些小礼品。"

我们分析以上案例中销冠话术的三个步骤：

第一步，顺应。理解并尊重客户的意愿，让客户在一种放松的状态下浏览商品，放松对销售员的警惕。

第二步，试探。向客户提议试用样品，让他们对商品有初步了解，进而激发购买欲望。通过察言观色，进一步询问他们的需求和期望，以便为客户提供更加精准的服务。

第三步，给予。了解客户需求后，为了增加与客户的好感度，可以赠送小礼品或者小样之类，即使客户不会当场购买也能获得他们的好感，让他们成为我们的潜在客户。

总之，当客户来到店里说"我随便看看"时，销售人员就要运用"顺应+试探+给予"三步法来应对。先通过顺应表示尊重客户的意愿，再通过试探来了解客户的需求，最后再通过给予获得对客户的期望。只要把握以上三个步骤，为客户提供更好的购物体验，再提供个性化的产品和服务，最后就能够增加自己的销售业绩。

如何精准向客户提问

有经验的销售员和缺少经验的销售员之间的区别就在于有经验的销售员可以向客户提出精准问题,迅速掌握客户的需求。

销售的精髓在于:多一个答案就多一份信息,多一份信息就多一种策略,多一种策略就多一分获得订单的可能。所以销售员在向客户提问时要利用心理学中的信息对称法则。

信息对称法则是指在信息交流和危机处理过程中,应努力避免信息不对称的情况,保持信息的双向畅通和对称性。在销售过程中,只有通过有效提问才能尽可能多地掌握客户的信息,才会有助于我们了解并满足客户需求,提升销售成功的概率。

如何熟练使用"信息对称法则",精准地向客户提问并把握客户需求呢?可以用六要素询问法。

"六要素询问法"分为以下六个方面:

- What:要什么——询问客户具体想要什么样的产品或服务。
- Why:为什么选——询问客户为什么选择某种产品或服务,购买动机是什么。
- Who:给谁用——询问使用产品或服务的人。
- When:什么时候用——确定客户准备什么时候使用产品或服务。
- Where:用在哪——询问产品或服务会用在哪里。
- How:怎么知道的——询问客户是通过哪种途径知道品牌或产品的。

第四章 了解客户需求

结合具体案例进行分析：

> ✗ **普通话术：**
>
> 销售员："你想买哪种风格的沙发，中式风格还是欧式风格？"
>
> 客户："中式的。"
>
> 销售员："这边都是中式风格的沙发，您可以看一下。"
>
> 客户："好的，我看看。"
>
> ✓ **销冠话术：**
>
> 销冠："您好，请问您对沙发的风格有要求吗？"
>
> 客户："我比较喜欢中式风格。"
>
> 销冠："您是想把沙发摆放在哪里？客厅、卧室、书房，还是其他地方？"
>
> 客户："我想摆在书房。"
>
> 销冠："那您对沙发的材质有要求吗？我们这里有实木框架、皮质坐垫、布艺沙发。"
>
> 客户："我更喜欢实木沙发，感觉比较自然。"
>
> 销冠："请问您是如何了解到我们品牌的呢？是朋友推荐、广告，还是其他途径？"
>
> 客户："我是通过熟人介绍的。"

通过"六要素询问法"，我们可以精准把握客户需要什么、为什么选择、为谁购买、什么时候使用、在哪里使用，他们是如何知道我们的产品的。拿以上销冠案例分析，询问客户喜欢的沙发类型，有助于我们精准推荐；了解他们的选择原因，有助于我们知道为谁购买；询问使用时间和地点，可以进一步细化需求；了解客户如何得知我们的产品，可以改进营销策略。

·销冠话术·

为什么客户有需求却不购买

当我们在向客户推销商品的时候,客户并没有立即购买。客户明明有需求,为什么不买呢?这个时候,我们需要运用心理学上的改善价值公式来进行下一步销售行为了。

$$改善价值 = (新方案的效益 - 当前状况的效益) - 改善的成本$$

在销售过程中,可能客户觉得他们的"痛点"不够痛,所以没有进一步的购买行为。如何放大客户的"痛点"呢?我们可以通过以下三个方面进行:

1. 更长的时间

通过话术让客户从更长的时间用发展的眼光来看问题。例如说现在的一个小问题,如果不处理的话将来会变成大问题。

⊗ **普通话术:**

销售员:"您的手机已经落后了,买一个新的吧!"

✓ **销冠话术:**

销冠:"您的手机虽然还能用,但现在很多新出的APP您都用不了,会影响您的社交和工作的。我建议您买一款新手机,跟您的朋友和同事保持有效沟通和互动。"

第四章　了解客户需求

2. 由点到面

通过话术打开客户思路，从多角度看问题。比如小问题会影响整体。

> ⊗ 普通话术：
>
> 　销售员："您的沙发太旧了，该买个新的了！"
>
> ✓ 销冠话术：
>
> 　销冠："您的沙发有点旧了，跟您家的装修风格不符吧。我建议您换个新的，这样跟您家的装修风格一致了。"

3. 多角度

通过话术引导客户从多个角度分析问题，展示产品的优劣。例如产品一个功能的缺失可能引发严重后果。

> ⊗ 普通话术：
>
> 　销售员："这款电视是老款式，没有智能功能，但价格便宜。"
>
> ✓ 销冠话术：
>
> 　销冠："这款电视是老款式所以没有智能功能，能接收到的节目有限。现在智能电视才能给您全家带来更丰富的娱乐体验。"

通过以上的案例，我们发现客户的"痛点"之后，可以利用"改善价值公式"从更长的时间、由点到面、多角度来帮助客户分析，让他们清楚地看到我们的产品不仅可以解决他们当前的"痛点"，更能帮他们解决未来、全方位的问题，从而激发他们购买产品的欲望。

· 销冠话术 ·

如何利用情绪价值激发客户的潜在需求

现在直播带货成为一种非常流行的销售方式。当我们看到主播在网络直播平台上卖力介绍各种物美价廉的商品时，观众不由自主被他们的表演打动从而产生了购买欲望，于是拿起手机立即下单。

这是因为主播运用了心理学上的**情绪价值**，是商家在推销商品或服务时给客户带来的情感体验和心理满足，而不仅仅是商品本身的物质价值。

我们用案例来说明：

> ⊗ **普通话术：**
>
> 销售员："先生，您好！这是我们的新款电动汽车，它配备了先进的国产引擎，拥有强大的动力。它的电池是最新材料三元锂电池，续航能力达600千米。车内空间宽敞，驾驶体验感良好。如果您现在购买，我们还可以给您提供优惠。"
>
> ✓ **销冠话术：**
>
> 销冠："先生您好，您是不是想买一辆平时上班可以代步，节假日可以带着家人去短途旅行的座驾？我们这款新车完全满足您的需求。平时工作日您可以驾车代步，周末您可以带着一家人离开喧嚣的城市去风景如画的乡村短途旅游，那是一种多么美好的感觉。我们这款新式电动汽车续航长达600千米。我们正在搞优惠活动，您现在购买还可以打折。"

通过以上案例我们可以得出结论，普通销售员的话术主要集

第四章 了解客户需求

中在介绍产品的功能上,与客户缺乏情感上的认同。销冠不仅是在介绍产品的功能,更是通过用描绘客户拥有这辆车之后的美好生活这种方式来激发客户的想象,给客户带来情绪价值,让客户产生了购买欲望。

在销售中,情绪价值影响可以用一个简化的公式来表示:

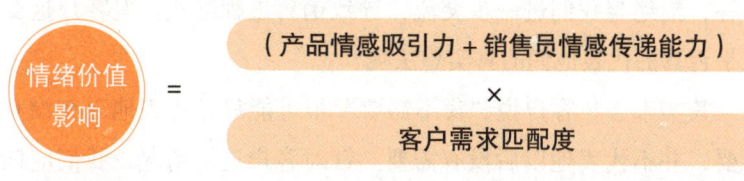

产品情感吸引力:商品本身的物质价值所能激发的客户的情绪价值。例如新款电子产品会让客户感到兴奋和快乐,从而产生购买欲望。

销售员情感传递能力:销售员在商品本身的物质价值的基础上,通过语言和肢体动作传递给客户的情感,客户感受到这种情感之后,会产生积极购买意愿。

客户需求匹配度:产品的销售策略是否与客户的需求相匹配。只有当产品或服务与客户的实际需求相匹配时,情绪价值才会起作用。

通过对比,我们可以发现销冠的话术在商品本身的物质价值基础上,通过语言和肢体动作向客户传递了有效的情绪价值,进而激发了客户的购买欲望。这种销售策略能够有效地激发客户的内心需求,从而达到销售目的。

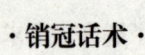

· 销冠话术 ·

客户说现在没需求，该如何回答

我们在销售的过程中，经常会遇到客户说"我不需要"这类回答，拒绝与我们进一步交流，导致销售进程终止。但客户这么说是否真的代表他们的真实想法呢？

其实未必。客户说"我不需要"很可能只是代表他现在没有需要，并不代表他以后没有需要。针对客户这种情况，我们应该用**时光对比法**来提醒或者创造客户的需求。

时光对比法的话术结构如下：

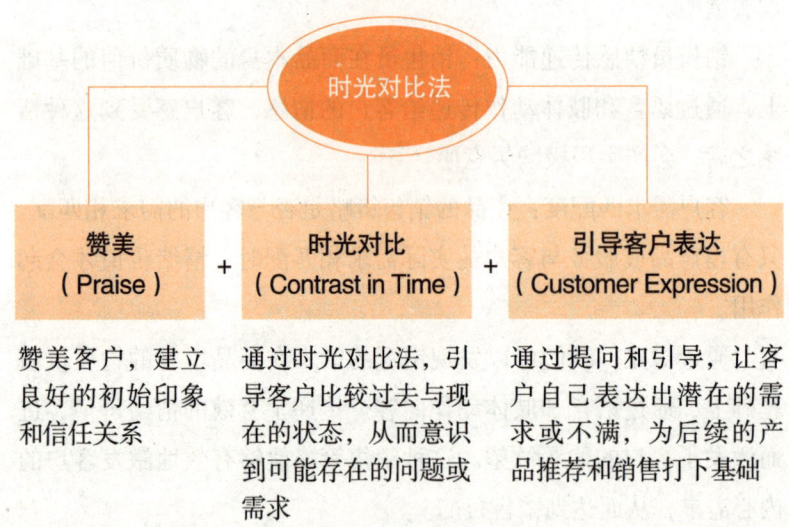

让我们以具体案例进行对比：

第四章 了解客户需求

⊗ 普通话术：

销售员："张姐，看您的脸色有些泛黄啊。"
客户："可能是这两天没睡好。"

✓ 销冠话术：

销冠："张姐，几天没见，您的皮肤比之前还白嫩呢。"
客户："真的呀。上个星期脸上长痘痘，现在消退了，但觉得不如以前好了。"
销冠："是该加强一下护理和保养，这样对皮肤好。"
客户："是啊，我觉得现在的皮肤有点干涩。"
销冠："正好我们新出了一款护肤产品对解决皮肤干涩特别有用，我给您拿一个赠品，您回去试试看。"

在这个案例中，销冠首先称赞客户皮肤好，获得了客户的好感，便于进行下一步推销。销冠用"时光对比法"让客户想起过去和现在的皮肤对比。接着销冠顺理成章地表达对客户的关心，希望她能加强皮肤护理，然后顺势取出赠品让客户使用。这样一来，销冠就成功地引导客户表达出了潜在的需求，为后续进一步销售打下了良好的基础。

·销冠话术·

如何分辨真正有需求的客户

在销售时我们每天都会遇到许多顾客，但这些顾客中哪些是真正有购买欲望的，哪些只是来随便看看的，还需要销售人员自己分辨。

在心理学上有个概念叫**非言语沟通**。非言语沟通顾名思义是指不用通过人与人之间的语言交流，而只是通过声音、肢体动作、面部表情、目光交流等非语言方式来传递信息。有经验的销售员运用**需求观察法**来分辨那些有购买欲望的顾客。

需求观察法有以下几个主要方面：

1. 通过言行举止识别顾客

在几个一起来的顾客中，那些对产品感兴趣、向销售提问题、仔细观看或触摸产品的顾客，他们对产品流露出浓厚的兴趣和热情，这很有可能是有购买欲望的顾客，销售人员要重点关注。

2. 顾客的互动方式和决策权是我们判断的重要依据

在同来的几个顾客中，那个主动为同伴提供建议的顾客，往往就是拥有决策权的关键人物。只要能够说服他，很大程度上就可以影响销售。

3. 考虑顾客与商品的匹配度

在我们销售一件商品时，要观察顾客们的年龄、性别等是否与我们销售的产品相匹配，就可以发现他们是不是我们的目标客户。比如年轻人是购买电子产品的主力。

下面我们通过具体案例来说明：

第四章 了解客户需求

> **✗ 普通话术：**
>
> 销售人员小王看到一群顾客走进店里，立即上前热情招呼，开始讲解产品的功能。但顾客们似乎对产品没什么兴趣，结果过了一会儿这群顾客转身离开。小王觉得白忙活一场。
>
> **✓ 销冠话术：**
>
> 销冠小李看到一群顾客走进店里，他并没有立即上前去，而是先冷静观察了一阵，他发现同来的几个顾客中只有一个年轻人在看新手机。小李立即敏锐地觉察到这个年轻人是真正有购买需求的人，他立即上前热情地为这个年轻人介绍这些新手机的功能。年轻人拿着新手机进行体验，最终决定购买这款新手机。

从上面的例子中可以看出，需求观察法是一种基于非言语沟通的销售策略。熟练掌握需求观察法，可以有效地识别出哪些是真正有需求的顾客，实现销售目标。我们可以简单地用 **V + B + E 观察法**来表示。

声音 V（Voice）	+	身体的动作和姿态 B（Body Language）	+	面部的表情 E（Expression）
通过声音的特质，如音调、音量等，可以传达出情感和意图		它可以无声地传递许多信息，如态度、情感和想法		如微笑、皱眉等，它直接反映了一个人的情绪状态

·销冠话术·

　　综上，只要销售员熟练运用需求观察法，就可以准确分辨出哪些是真正有需求的顾客，从而实现销售目标。

第五章

推荐商品

作为一个销售员,为了掌握向客户推销商品的话术,我们可以说付出了相当多的时间和精力,但我们发现在实际运用过程中却并不理想。所以我们应该认识到,学习是一件长期的事,不是一蹴而就的。这就要求我们在销售这一行要不断努力学习,向那些优秀的销售员学习,并分析他们的销售技巧,从中吸收一些适合我们的销售话术。如果我们能掌握优秀销售员的话术,并在销售过程中更好地运用,那一定会取得销售佳绩!

在本章中,我们会针对顾客具体的问题进行有针对性地回答,更具有实操性。

· 销冠话术 ·

如何回答客户问"还有更好的产品吗?"

有时候销售员向客户推销某种商品或服务时,并不会得到客户的认可,有很多客户会从潜意识里认为销售员给他们推荐的都是利润最高的产品或服务,而不是最适合他们的,所以客户会问"还有更好的产品吗?""还有没有别的?"之类的问题。遇到这种情况该怎么办呢? 一个有效的方法就是告诉客户鉴别产品质量的方法,让客户自己去辨别产品或服务的好坏。

让我们用以下案例来具体说明一下:

> 客户:"给我推荐一款好的木门。"
>
> ⊗ **普通话术:**
> 销售员:"这款木门是我们销量最好的,您可以看看!"
>
> ✓ **销冠话术:**
> 销冠:"好的,先生。其实我可以给您说一个鉴别木门质量的小知识。一是看,看木门表面的油漆是不是有光泽;二是摸,摸一摸木门表面是否光滑平整;三是闻,闻闻木门是否有刺鼻气味;四是敲,好的木门声音清脆,不好的木门声音低沉。您照着我说的方法鉴别一下这款木门。"

有些客户之所以在选择商品时犹豫不决,是因为他们不懂得鉴定商品的好坏,所以无法下定决心购买。在这时候就算销售员花费再大的力气进行推销,把产品说得天花乱坠,客户心中也会充满疑虑而无动于衷。之所以会出现这种情况,是因为销售员陷

第五章 推荐商品

入了知识诅咒效应的误区。

知识诅咒效应指的是一旦我们掌握了某项知识或经验后,由于信息量的差距,我们无法跟没有掌握该项知识或经验的人进行沟通,并对他们的想法和思维感到困惑和无法理解。比如某人跟我们解释一个复杂的概念或现象,我们无法理解,这就让某人感到困惑。

所以在这个时候,销售人员要跳出知识诅咒效应,要反客为主告诉客户鉴别商品好坏的方法。只有这样,客户才会知道鉴别商品好坏的方法,进而对你推荐的商品进行评判,从而产生购买欲望。退一步讲,即使你说的鉴别方法客户已经知道,他也会对你产生好感,因为他认为你是站在他的立场上维护他的利益。

这种给客户推荐产品是向客户普及鉴别产品质量好坏的方法,被称为认知教育法。这种方法指销售员虽然知道鉴别产品好坏的方法,但客户不一定知道,所以销售员要向客户普及如何鉴别产品的方法。当客户知道了如何鉴别产品的方法才会确认你推荐的商品的好坏,从而决定是否购买。使用这种方法,推销员才能够赢得客户的信任,从而建立长期稳定的客户关系。

·销冠话术·

当客户问"某款商品还有吗?"该如何回答

在销售过程中,我们经常会遇到客户询问某种商品是否还有存货。如果销售员直接回答"有",并不明智。因为人们对轻易可以得到的东西不会珍惜,对那些稀缺的东西往往会比较重视,这在心理学上被称为稀缺效应。

在消费心理学上,稀缺效应的表现为:当一种商品或服务稀缺时会显得十分珍贵,人们对其占有欲也会增强,从而激发出购买欲望。

那么具体该如何做呢?销售人员应该采用信息对比法,就是在回答客户的问题时,既要知道客户所询问商品或服务的具体信息,同时还要巧妙地显示其稀缺性。

让我们通过以下案例来看一下:

客户:"请问这款淡青色中国风的手提包还有吗?"

⊗ 普通话术:

销售员:"还有很多,我这就去给您拿。"

✓ 销冠话术:

销冠:"我先帮您查一下库存。查询结果显示只剩下几个了,这种淡青色中国风的手提包非常受欢迎,其他颜色的中国风手提包都已经卖完了。您要再晚来两天可能这种颜色的手提包也会卖光,您要是真心想要,最好现在就下单。"

通过提及其他款式的情况,销售员实际上是在向客户介绍这

第五章 推荐商品

种产品总体的销售情况,让客户感受到整个市场的购买趋势和产品的受欢迎程度,从而刺激客户的购买欲望,促使他们更快地做出购买决定。

所以在客户询问时我们采用信息对比法应对比较好。下面我们把信息对比法的结构进行拆解,分为三部分:前对比 + 实际信息 + 后对比。

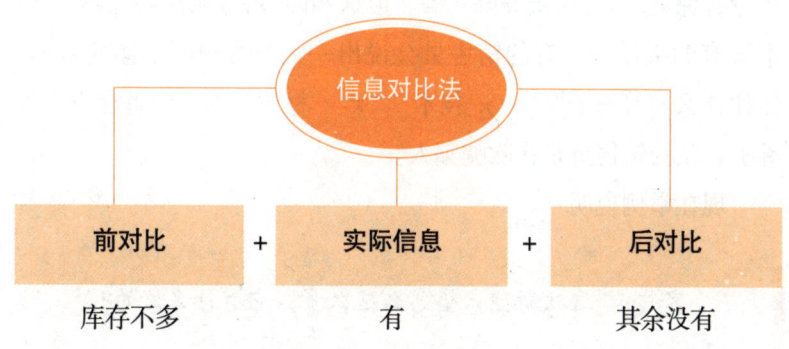

前对比(Before Contrast):营造商品的稀缺感和受欢迎程度。

实际信息(Actual Information):这是销售员真正想要传达给客户的信息,向客户介绍该产品的受欢迎程度。

后对比(After Contrast):与前对比相呼应,营造出产品的珍稀感和购买的紧迫性。

总之,在销售过程中巧妙地运用信息对比法可以营造商品的珍稀感,进行饥饿营销刺激客户的购买欲望,促使他们做出购买决定。

· 销冠话术 ·

如何回答客户"产品好在哪儿?"

在销售过程中,有时候客户会问"这款产品好在哪儿?"在这种情况下,销售员一般会回答"工艺精湛""材质上乘""大品牌质量有保证""售后服务好"等。但这些回答客户听得太多了,根本没有购买欲望。有的销售员会说出一大堆客户听不懂的名词,比如什么"等离子""××技术""××材质"等,听得客户一头雾水,认为销售员是在吹嘘骗人。

现在举例说明:

客户:"这款新型床垫怎么这么贵,它有什么好的?"

⊗ 普通话术:

销售员:"它能提高您的睡眠质量。"

✓ 销冠话术:

销冠:"这种新型床垫采用了纯天然材料和人体力学设计,对人体有按摩作用,能让人快速入睡并且拥有高质量的睡眠,让人每天都精神饱满,有助于提高您的生活品质。"

销冠的介绍不仅突出了产品的特征,还展示了其优势和对消费者的益处,使产品更加吸引人。

以上案例中,在如何回应客户提出的问题"这款产品好在哪儿?"时,销冠运用了一个销售法则——F + A + B 法则。这个法则可以帮助我们有效地解答客户提出的问题。

F + A + B 法则分为三部分,能帮助我们更准确地展示产品的

第五章 推荐商品

卖点：

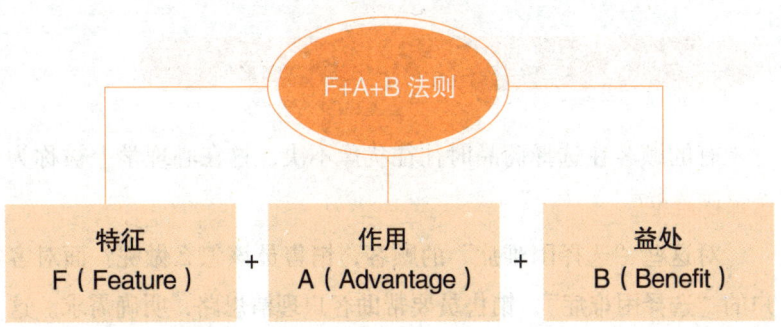

F（Feature）：特征——独特之处

特征就是这款产品与其他产品不同的地方，或者说是优点。这些优点可以是产品的材质、设计或者新功能，这些都是产品本身的特征，是产品的卖点也是与其他产品的区别。

A（Advantage）：作用——产品优势

了解了产品的优点之后，下一步就是展示优点的与众不同之处，给客户更好地体验。比如新型床垫的优势"按摩作用""符合人体力学"等，让客户睡眠质量更高。

B（Benefit）：益处——对消费者的好处

需要说明商品的特征和优势对消费者的实际益处有哪些，这些益处必须满足了他们的某种需求，或者让他们有更好的使用体验。比如新型床垫有助于客户睡眠等。

使用F+A+B法则对产品特征进行介绍，突出卖点，让客户产生更好体验的想象，使产品更加吸引人。

· 销冠话术 ·

当客户有"选择困难症"时该怎么办

有的顾客在选择商品时往往犹豫不决,这在心理学上被称为**选择困难症**。

对这些"选择困难症"的顾客,销售员该怎么做呢?面对客户的"选择困难症",销售员要帮助客户理清思路,明确需求。这就需要销售员运用一个心理学中的定律——**手表定律**。

手表定律是指一个人有一只手表时,他看了手表就知道时间。但他如果有两个手表而且时间不一样,他就无法知道确切的时间,会让他陷入困惑之中。

让我们举例说明一下:

客户:"北欧风格的沙发和复古皮质沙发我都很喜欢,不知道选哪个。"

⊗ 普通话术:

销售员:"我觉得复古皮质沙发更好,您可以选择这个。"

✓ 销冠话术:

销冠:"请问您家的装修风格是怎样的?欧式的还是中式的?"

客户:"我家是北欧简约风格,但我也喜欢复古中式家具。"

销冠:"这两款家具确实都很有特色。北欧风格的沙发更符合您家的整体装修风格,不过复古皮质沙发能体现您的文化品位。最后选择哪一款,关键看您更希望突出哪种风格。"

第五章 推荐商品

没有经验的销售员会替客户做决定，但效果会适得其反。因为这样的做法不仅会让客户感到不满，还可能会让客户放弃购买。而有经验的销售员则会为客户分析各种商品的优点，促使客户做出选择。

以上的案例，销冠在面对客户选择困境时，使用 I＋A＋I 法，按照询问（Inquiry）＋分析（Analyse）＋询问（Inquiry）三个步骤来帮助他们厘清思路，促使他们做决定。

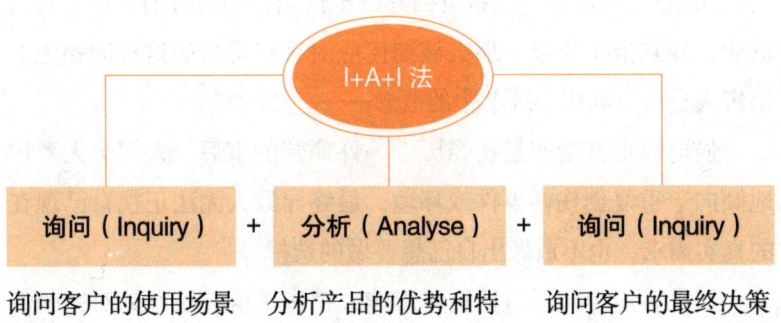

第一步，询问客户的使用场景。第二步，分析产品的特点和优势。第三步，再次询问客户的意见。作为销售员切记不能为客户做决策，要牢记决策权永远在客户手中，自己所做的只是帮助客户做决定。

· 销冠话术 ·

当客户担心产品会出问题时该如何应答

在销售过程中,销售员常常会碰到这样的客户,即使销售员已经详细介绍了产品的性能和特点,但他们总是很担心,经常会问一些问题,比如使用化妆品"会不会过敏?",使用家电"会不会出问题?"等。如果销售员回答得不恰当,则会打消客户的购买欲望,导致推销失败。那么该如何应对客户提出的这种问题呢?销售人员可以利用心理学中的概念——强迫性重复。

强迫性重复指的是在经历了一件痛苦的事后,人们会无意识地倾向于重复创伤性事件或环境,最终导致人无法正视自己现在的真实需求,也不敢做出自己想要做的选择。

如果客户受到强迫性重复影响,销售员就应该有针对性的使用销售策略促成交易。

我们举例说明:

> 客户:"我是过敏体质,不知道能不能用这款化妆品?"
>
> ⊗ 普通话术:
>
> 销售员:"您看中的这款化妆品是新产品,采用的是新技术,通常不会引起过敏反应。您完全可以放心,肯定没问题。"
>
> ✓ 销冠话术:
>
> 销冠:"我也是女人,特别理解您对化妆品过敏的担忧,因为我也对一些化妆品过敏。针对这种情况,我们店里推出

第五章 推荐商品

了免费试用服务,您可以先把化妆品涂在手臂内侧,如果有过敏反应立即清洗。不过一般不会出现这种情况,因为我们这个新款化妆品使用的是纯天然、无污染的成分。我们柜台的好几个姐妹都用过了,没有出现这种情况。"

客户还是担心,说:"万一过了好几天才出现过敏怎么办?"

销冠:"这样吧,您先购买一瓶,我再额外赠送您两小瓶赠品。您回去先试用赠品,如果出现过敏反应,您把货品拿回来,我给您退款。您看怎么样?"

客户:"你这么说我就放心了,那我就先买一瓶试试。"

通过上述案例可以发现,普通销售员在推销时往往介绍产品的特性,但却忽视了客户情感需求,无法消除客户的疑虑。而销冠则能够通过识别客户的"强迫性重复"心理,实行有针对性的销售策略,提供更加贴心和专业的服务,从而打消了客户的疑虑,促使交易完成。

基于上述分析,我们总结出一套有效的销售策略——I+S+T法。

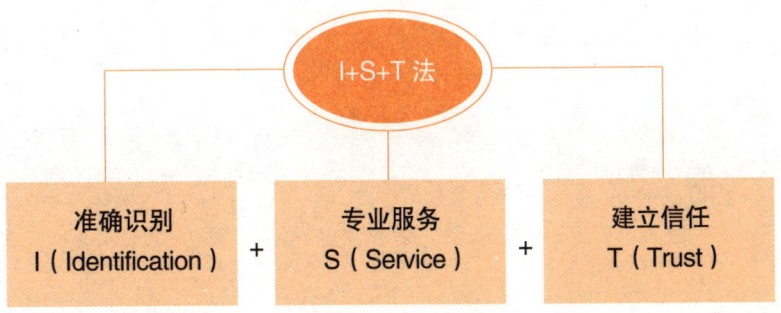

I(Identification):准确识别。了解客户的潜在顾虑,这是实行销售策略的基础。

S (Service): 专业服务。根据客户的具体需求制定相应的销售策略,提供量身定制的解决方案。

T (Trust): 建立信任。通过持续优质的服务和客户体验,打消客户顾虑,赢得客户信任,完成销售并与客户建立长期的信任关系。

通过运用"I+S+T法",销售员对客户的疑虑制定有针对性的销售策略,就可以打消客户的疑虑并促成销售的完成。

第五章 推荐商品

如何利用客户的好奇心推销商品

有人说我们现在社会是"眼球经济",也叫注意力经济,是指依靠吸引公众注意力获取经济收益的一种活动。在进行销售工作时,如果我们能够吸引客户的"眼球",也就是注意力,那么我们的销售就成功了一半。

要想抓住客户的注意力,传统的促销方式肯定不行,必须出奇制胜。人都是有好奇心的,利用客户的好奇心进行促销,这种行为在心理学被称为好奇心效应。在销售领域,好奇心效应被应用于吸引顾客注意力,提高产品或服务的吸引力,引起消费者的购买欲。

许多商家利用客户的好奇心进行促销,比如请一些明星来进行代言或者表演,吸引大量的顾客前来围观,增加客流量;举行购物抽奖等活动,刺激顾客的购买欲等。

有一次,一个商家在销售一款智能家居系统。在开始促销的前几天就在制作一个大型房间模型,大门紧闭,上面写着"三天后,您将进入未来生活"的告示,一下子勾起了客户的好奇心。凡是看到这个告示的人都被勾起了好奇心,随着时间的临近,人们的好奇心越来越强。当三天后销售人员打开智能房间大门的一瞬间,所有客户的好奇心都达到了顶点。当销售人员邀请围观的客户进入房间体验高科技智能家居时,许多人都被震撼到了,对高科技智能家居产生了强烈的兴趣,这时候,销售人员再进行推销就轻而易举了。

所以销售员应该好好利用好奇心效应进行销售,这样可以提升业绩。下面我们详细介绍一下好奇心效应应该遵循的原则：创造 + 利用 + 避免，简称 C + U + A 法则。

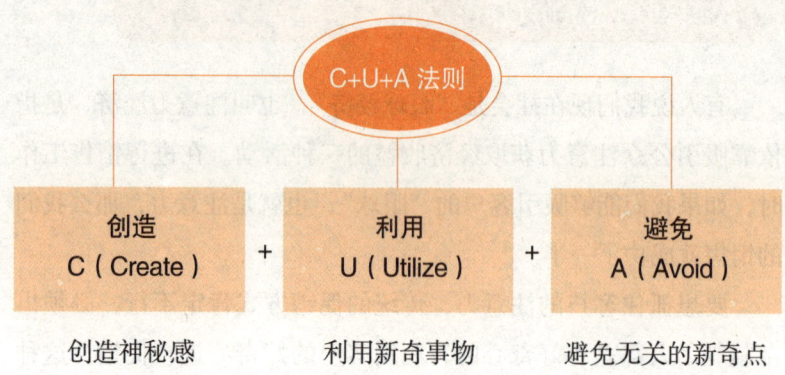

利用好奇心效应，在销售时不直接向客户展示商品或服务，而是通过设置悬念勾起客户的好奇心，让他们对商品或服务产生强烈的兴趣和期待。等客户的好奇心持续增加后，再向客户展示商品，让客户的好奇心得到满足，同时让客户的注意力集中到产品的特点和优势上，从而增强客户对产品的兴趣和购买欲望。

如果我们能够合理地运用好奇心效应，吸引客户的注意力，并确保产品与客户的期望相匹配，就能够促成销售。

当然，设置悬念时一定要确保悬念和产品有较大关联，否则会起到适得其反的效果，令客户反感和困惑。

第五章 推荐商品

如果客户拿以前的商品来咨询，销冠该怎么应对

在销售过程中，销售员会经常遇到客户拿着之前购买的商品前来咨询"有没有这种商品？"很多时候这种商品早已停产，如果销售员说"没有"，客户就会离开。那么销售员该怎么办呢？让我们来看看普通销售员和销冠是如何说的。

⊗ 普通话术：

销售员："不好意思，这款商品是去年生产的，现在已经停产了。我们店里没有。"

客户听了销售员的话，转身走了。

✓ 销冠话术：

销冠："您好，您手上的这款商品现在已经停产了。不过我们店里有几款比这个商品更好的新款产品，我带您看一下。"

销冠拿着新产品介绍："您看，这几款新产品比您的商品更先进，它们采用了独特的设计，使用了更耐磨、先进的材质，能给您带来更好的体验感。"

客户："竟然出新款了，我看一下。"

在没有客户需要的商品的情况下，销冠在进行推销时使用了心理学上的对比效应，用话术留住了客户，这就是销冠与普通推销员的区别。

销售中的对比效应是指，在销售过程中有两种或以上的商品或服务时，客户会进行比较，选出最具有性价比的一款。对比效应可以用**认同 + 对比**结构来表示，简化为 I+C。

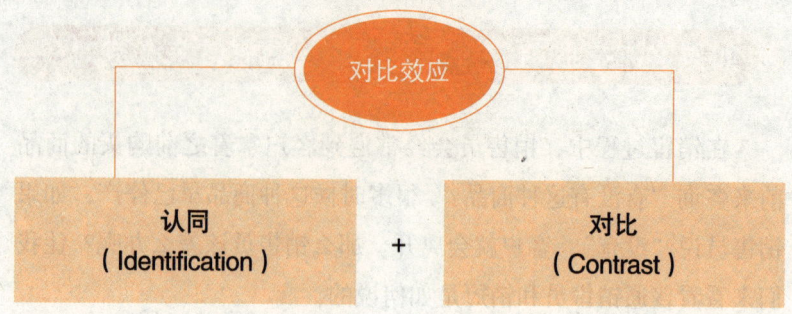

I（Identification）：认同。指的是先认同客户的观点、选择或品位，获得客户的信任。

C（Contrast）：对比。指的是通过比较不同产品或服务，突出优势，影响客户的购买决策。

当客户拿着旧货询问时，销冠运用了对比效应引导客户看同类新商品，从而继续销售。通过这样的话术，更能打动客户并引导他们做出购买决策。

第六章
巧妙处理顾客的异议

在销售、服务或沟通的过程中,异议处理是一项关键的技能,也是重要的环节。

异议通常指的是客户、合作伙伴或相关方对产品、服务、建议、方案等方面提出的不同意见、疑问、担忧或反对。

通过良好的异议处理,能够有效地将潜在的冲突转化为宝贵的合作机会,可以让客户感受到被重视和理解,从而极大地提升客户满意度。同时,良好的异议处理也能展现销售人员的专业能力和优质服务,增强产品或服务在市场中的竞争力,进而有利于促成长期稳定的合作关系。

· 销冠话术 ·

> 客户说"你家的产品比别人家好在哪里呢?"如何回应

客户在挑选商品时,往往会反复比较,只看一家的商品总感觉挑选得不够全面。有些客户也会下意识地问:"你家的产品比别人家好在哪里呢?"

销售人员可以运用**竞品对比法则**,即先询问客户对其他品牌满意的地方,了解竞争对手的优势,然后有针对性地指出自己产品也具备这些优势,并且进一步强调自己产品在其他方面的独特价值,通过对比来突出自家产品的竞争力。

✗ 普通话术:

销售员:"先生/女士,您好,我们家产品的优势是非常明显的。一方面,我们在技术研发上投入了大量的资源,不断创新和优化产品性能。例如,我们的××产品采用了最新的××技术,使其在××功能方面表现得更为出色,这是很多竞争对手所不具备的。

另一方面,我们注重产品的细节和个性化定制。可以根据您的特殊需求,为您提供专属的解决方案。像之前有位客户需要××样的产品,我们成功为他量身打造,让他非常满意。

而且,我们在保证高品质的同时,价格合理,让您以实惠的价格享受到顶级的产品和服务。

第六章 巧妙处理顾客的异议

ⓥ 销冠话术：

销冠："先生/女士，您好，您对这款产品还挺了解的。您对其他品牌的类似产品有哪些地方比较满意呢？"

客户："我觉得××品牌的产品在××功能和×××功能方面做得还不错。"

销冠："您提到的这些特点，我们的产品也完全具备。我们的产品不仅有××功能和×××功能，更融合了××高端技术，使用更方便，更加人性化。另外，我们的产品采用了智能控制系统，可以根据您的需要进行设置，同时能耗还低。还有，我们的售后服务也是非常优质的，让您不会有后顾之忧。"

普通话术：

- 销售人员用灌输式的表达方式为客户介绍产品，是单方面的沟通，没有顾及客户的感受，很容易引起客户的抵触情绪，从而直接放弃购买，到其他店铺去挑选。

销冠话术：

- 销冠做的第一件事就是对客户进行了肯定，客户心情好，就有助于销售继续推进。
- 销冠引导客户说出其他品牌产品的优点，就可以知己知彼，同时也知道了客户的真正需求，从而有针对性地讲出自己家产品的优势。
- 在了解了客户需求之后，首先告诉客户其他品牌的优点自己家也都有，然后告诉客户自己家产品还有其他优势，从而引起客户购买的欲望。

· 销冠话术 ·

> 客户说"我的朋友用过你家产品,他/她说一般",怎么回答

在一家装修简约而温馨的电子产品店铺里,柔和的灯光洒在陈列整齐的产品上。一位穿着时尚的客户走进店里,目光在货架上的产品间游移。销售人员连忙迎上前,准备为客户介绍产品。客户微微皱了皱眉,看着销售人员说道:"我的朋友用过你家产品,他/她说一般。"

这里实际上是出现了**自己人效应**,"自己人效应"是指在人际交往中,如果双方关系良好,一方就更容易接受另一方的观点、立场,甚至更愿意按照对方的要求行事。

要产生"自己人效应",通常需要有相似的经历、价值观、兴趣爱好,或者通过真诚地沟通、关心对方等方式来建立这种亲近感。比如,销售人员了解客户的需求和喜好,与客户交流时表现出真诚的态度和共同的兴趣点,就容易让客户产生"自己人"的感觉。

✗ 普通话术:

销售人员:"不可能,我们的产品大家都说好,您朋友肯定说错了。"

✓ 销冠话术:

销冠:"非常感谢您朋友能给我们一个反馈,每个人对产品的感受和需求确实会有所不同。不过我很想听听您对朋友

第六章　巧妙处理顾客的异议

> 这个评价的看法，您自己对我们产品是不是也有些好奇或者期待呢？"
>
> 客户："我觉得屏幕色彩可以再柔和一些，这样观感更好。"
>
> 销冠："您给的建议非常好！柔和的色彩确实看起来更舒服。我们店里还有几款色彩柔和的产品，我马上带您和您的亲友过去看看。"
>
> 客户："哇，这一款屏幕真的看起来很舒服，而且造型也很优雅。"

普通话术：

- 这种全盘否定客户朋友的评价，会让客户觉得销售人员过于自负和不客观，对销售人员的信任度降低。

销冠话术：

- 销冠的回答好在多个方面。首先，面对客户朋友的一般评价，销冠没有急于反驳，而是表示理解不同人感受不同，展现了高情商和专业素养。接着，巧妙地询问客户的看法，引导客户关注产品，激发客户的好奇心。当客户提出建议后，销冠立刻给予肯定，让客户感到被尊重。最后，根据客户建议迅速行动，带客户去看符合要求的产品，满足了客户需求，也体现了销冠的服务意识和行动力。这种回答方式有助于建立与客户的亲近感，促进销售成功。

· 销冠话术 ·

客户说"我不要赠品,能折算成现金给我吗?"怎么回答

作为一个销售员,常常会遇到客户提出各种要求,甚至是无理的要求。比如当客户说:"我不要赠品,能折算成现金给我吗?"此时销售人员需要巧妙且合理地应对,可以用**替代补偿法**,即提出替代方案,给予客户一定的补偿,以满足客户希望获得实际利益的心理需求。

> 假设这是一个汽车销售的场景,客户在选购一款车型时,对销售人员提供的赠品表示不感兴趣,提出了将赠品折算成现金的要求。
>
> ⊗ **普通话术:**
> 销售人员:"不好意思,公司有规定,不能折算现金,您就别为难我了。"
> 客户:"赠品对于我来说没有用,还会给你们造成浪费。"
> 销售人员:"这赠品都是厂家配的,我也没办法改变,您就别指望折算现金了。"
>
> ✓ **销冠话术:**
> "先生/女士,我理解您可能更希望直接获得现金优惠,但咱们的赠品其实也是精心为您准备的,是无法直接折算现金的。不过,我可以为您争取一个额外的车辆保养优惠券,这样能在未来为您节省不少保养开支,您看好吗?"

第六章 巧妙处理顾客的异议

普通话术：

- 这种回答是把责任完全推给公司，推给厂家，自己不作为，无法让客户满意。销售人员没有尝试与客户进一步沟通或提供其他解决方案，显得很无奈又无能。这种处理方式，既不能让老板满意，也不能让客户接受，很有可能会失去重要的客户，甚至给公司的口碑造成影响。

销冠话术：

- 销冠开头的回答就表明理解客户对现金优惠的期望，让客户感受到自己的需求被认可和尊重，从而缓解了可能产生的对立情绪。接着，销冠清晰地向客户说明了赠品不能直接折算现金，避免了客户对规则的误解和进一步纠缠。
- 然后，销冠用"替代补偿法"，主动提供替代方案，为客户争取额外的车辆保养优惠券，这不仅满足了客户希望获得实际优惠的心理，而且与汽车的使用和维护密切相关，具有较高的实用性和吸引力。接下来，销冠强调价值，指出保养优惠券能够在未来为客户节省不少保养开支，让客户认识到这个替代方案的实际价值和好处。
- 最后，销冠征求客户的意见，表现出对客户的尊重，给客户一种参与决策的感觉，增加了客户接受提议的可能性。

· 销冠话术 ·

客户说"如果不好用，可以退货吗？"如何回答

在销售领域，客户提出各种各样的问题是再常见不过的事情。当客户说："如果不好用，可以退货吗？"这是一个需要销售人员谨慎对待，并巧妙对答的关键时刻，一句关键的话往往会完全扭转事情的进程。这时可以用**承诺保障法**，也就是给客户提供一种保障，让客户在购买时更加放心。

假设这是一个销售笔记本电脑产品的场景，一位客户正在考虑购买一款新型的笔记本电脑，但对其性能和适用性存在一定的担忧，于是提出了关于退货的问题。

⊗ 普通话术：

销售人员："这个不好说，得看具体情况，要是您自己弄坏了肯定不能退。"

✓ 销冠话术：

销冠："先生/女士，您放心，如果您在使用过程中发现产品不好用，只要符合我们的退货政策，在规定的时间内，产品没有人为损坏且包装配件齐全，我们一定为您办理退货。我们非常重视您的购物体验，也希望您能相信我们的产品质量。实际上，这款笔记本电脑已经经过了严格的测试和众多用户的验证，好评率非常高。但为了让您毫无后顾之忧，我们提供退货保障。您看还有什么其他的顾虑，我都可以为您解答。"

第六章 巧妙处理顾客的异议

普通话术：
- 这种模棱两可且带有条件限制的回答，没有给客户一个明确的保障，会增加客户的疑虑，让客户对购买犹豫不决。

销冠话术：
- 销冠的回答，首先运用"承诺保障法"，给予了客户明确而肯定的退货承诺，让客户感到安心。同时，说明了退货的条件，既体现了公司的规范，也避免了滥用退货政策的情况。接着强调了对客户购物体验的重视，提升了客户的好感。然后通过介绍产品的良好口碑和经过的严格测试，增加了客户对产品的信心。最后，主动询问客户是否还有其他顾虑，表现出积极解决问题的态度。

总之，当面对客户关于退货的疑问时，销售人员要以理解和尊重为基础，给予明确、合理且让客户安心的回答，这样才能促进销售的成功，与客户建立良好的关系。

· 销冠话术 ·

客户抱怨"你们太不专业了!"怎么应对

在一个销售定制家具的店里,客户满怀期待地与销售人员沟通家具设计方案,期望能实现心中理想的家居布局和风格。然而,在沟通过程中,由于销售人员对某些设计细节的解释不够清晰准确,或者给出的建议与客户的期望相差甚远,导致客户感到十分不满,进而愤怒地发出"你们太不专业了!"这样强烈的抱怨。此时,销售人员若不能妥善处理,很可能会失去这个客户,甚至对品牌形象造成负面影响。

在商业活动的诸多场景中,遭遇客户的抱怨和指责是难以完全避免的。当客户愤怒地说出"你们太不专业了!"这样的话语时,销售人员后续的应对方式就显得尤为关键。销售人员可以本着**服务补救理论**的原则应对,也就是及时道歉并承担责任,积极寻求解决问题的方法。通过承认错误并承诺改进,挽回客户的信任,减少客户流失的风险。

⊗ **普通话术:**

销售人员:"非常抱歉让您这么认为,我们以后会注意改进的,希望您别太计较。"

✓ **销冠话术:**

销冠:"非常抱歉让您产生了这样的感受,这绝对不是我们希望给您留下的印象。在刚刚的沟通中,可能某些方面我们没有表达清楚或者没有完全理解您的需求,导致了这样的误会。我们一直致力于为每一位客户提供专业且满意的服

第六章 巧妙处理顾客的异议

务,在这个过程中,难免会有一些疏漏和不足。您能具体和我说一说您觉得不专业的地方吗?是我们的解释不够详细,还是方案设计不符合您的预期?您的反馈对我们来说非常宝贵,它能帮助我们不断改进和提升服务质量,确保为您提供更专业、更贴心的服务。"

普通话术:

- 销售人员仅仅说会改进但没有具体措施,同时让客户别计较,给人一种敷衍的感觉,还可能使客户反感。

销冠话术:

- 销冠的这个回答,首先运用"服务补救理论",真诚地向客户道歉,表达了对客户的尊重和重视。然后主动从自身找原因,将责任揽过来,缓解了客户的愤怒情绪。接着表示愿意倾听客户的具体意见,让客户感受到自己被尊重和关注,有机会充分表达不满。最后强调客户的反馈对改进服务的重要性,让客户觉得自己的意见能够产生积极的影响。

总之,当面对客户的指责时,销售人员要保持冷静和谦逊,以诚恳的态度和积极的行动来化解客户的不满情绪,重塑客户对品牌的信心。

· 销冠话术 ·

客户说"产品更新换代这么快，会不会很快就过时了？"怎么回答

在销售的舞台上，客户的各种疑虑和担忧常常会涌现出来。当客户说："产品更新换代这么快，会不会很快就过时了？"这是**客户的淘汰预期效应**，即客户对产品因更新换代快而可能迅速失去价值或吸引力的担忧，是一种基于对市场变化和产品生命周期的预期而产生的心理效应，这时需要销售人员巧妙化解。

在一个手机店里，一位客户对一款新推出的机型表现出了兴趣，但同时也提出了关于产品过时的担忧。

✗ 普通话术：

①销售人员："哪有那么容易过时，您想太多了。"

②销售人员："现在的手机都这样，更新快也没办法。"

③销售人员："反正我们这儿的手机现在是最新的，过时的事以后再说。"

✓ 销冠话术：

销冠："先生/女士，您提出的这个问题非常有前瞻性。确实，如今产品的更新换代速度很快，但您放心，我们这款手机在设计和研发时就充分考虑到了这一点。它采用了目前最先进的技术和硬件配置，具备很强的性能和扩展性。比如，它的处理器和内存都能够轻松应对未来几年内新出的各种软件。而且，我们公司有着强大的研发团队和完善的售后

第六章 巧妙处理顾客的异议

服务体系,即使未来有新的技术出现,我们也会及时为您提供系统升级和优化服务,确保您的手机始终保持良好的使用体验。

就拿我们之前推出的××款手机来说,虽然已经上市了两年,但通过我们持续的系统更新和优化,它现在依然能够流畅运行主流的应用程序,深受用户的喜爱。所以,您购买我们这款手机,不仅拥有了当下的先进功能,更是为未来的使用打下了坚实的基础。您看,还有什么方面让您顾虑吗?"

普通话术:

- ①"哪有那么容易过时,您想太多了。"这种回答显得对客户的担忧不够重视,有些轻描淡写。
- ②"现在的手机都这样,更新快也没办法。"这种无奈的态度并不能解决客户的问题,还传递出一种消极的情绪。
- ③"反正我们这儿的手机现在是最新的,过时的事以后再说。"这种只看眼前,对未来没有任何保障或解释的回答,无法让客户安心购买。

销冠话术:

- 销冠的回答,首先对客户的担忧表示了认同和尊重,让客户感到自己的想法被重视。接着详细介绍了产品的技术和配置优势,以及公司的研发和服务能力,向客户传递了产品具有长期使用价值的信息。
- 销冠还通过举例说明以往产品的良好表现,增加了回

答的可信度和说服力。最后再次询问客户的顾虑,表现出愿意持续为客户解决问题的积极态度。

总之,面对客户关于产品过时的担忧,销售人员要以专业、负责和耐心的态度,通过合理的解释和有力的证据,消除客户的疑虑,增强客户的购买信心。销售人员不能试图以强势的语气战胜客户,这样即使偶尔成交,也多是"一锤子买卖"。

第七章

客户谈价格,销冠怎么说

在销售领域,价格问题是一个核心且敏感的议题。价格通常是影响客户购买决策的关键因素之一。客户可能会对产品或服务的价格过高表示不满,或者对价格的构成、定价策略产生疑问。对于客户认为价格过高的情况,可能是因为他们将产品与竞争对手进行了比较,或者他们对产品的价值认知不足。

在销售中,妥善处理价格问题需要销售人员充分了解产品价值、客户需求和市场情况,通过有效的沟通和策略,让客户认可价格并愿意购买。

· 销冠话术 ·

客户说"再便宜点吧，少赚点呗"，如何回应

在一个家具城里，一位客户看中了一套沙发，对款式和质量都比较满意，但在与销售人员谈到价格时，客户说："再便宜点吧，少赚点呗。"

客户要求进一步降低价格，这是客户的**博弈心理**，也就是说客户把价格谈判看作一种博弈过程，客户试探商家的底线，看看自己能否获得更多的利益优势。销售人员既要考虑到店铺的盈利，又要顾及客户的心理，回答合理与否可能会决定客户的去留。

⊗ 普通话术：

销售人员："非常抱歉，这个价格真的没办法再降了，我们利润已经很微薄了，希望您能理解。"

✓ 销冠话术：

销冠："女士/先生，我非常理解您希望价格更优惠的心情。其实这套沙发的定价已经非常实在了，它选用的是顶级的面料，填充的是高回弹海绵，框架也是坚固耐用的实木材质，这些优质的材料和精湛的工艺保证了沙发的品质和舒适度。而且我们还提供了完善的售后服务，让您没有后顾之忧。

从成本上来说，我们真的已经压缩到了极致，利润空间很小。但既然您这么喜欢，我也真心想促成这笔交易，我可以向经理申请给您赠送一个配套的抱枕（送什么赠品，根据实际情况而定），或者为您提供免费的上门安装服务。您看这样可以吗？

第七章 客户谈价格，销冠怎么说

> 或者这样，我给您一个小小的优惠，但是这个优惠是基于您今天能够确定购买并且支付定金的情况下。因为我们也有业绩考核的压力，如果您能支持一下我的工作，我愿意尽力为您争取一些实惠。您看好吗？"

普通话术：

- 销售人员只是强调不能降价和利润微薄，没有提供其他有价值的信息或解决办法。

销冠话术：

- 销冠这个回答，首先表达了对客户心情的理解，让客户感到被认同。然后详细介绍了产品的优点和价值，让客户明白价格是与品质和服务相匹配的。接着提出了一些替代的优惠方案，如赠送抱枕、免费安装等，满足了客户希望获得更多好处的心理。最后通过设置一些条件，如当天确定购买并支付定金，来给予一定的价格优惠，既显示了诚意，又促使客户尽快做出购买决策。

总之，当面对客户要求降价的情况时，销售人员要以理解和尊重的态度，通过展示产品价值、提供替代优惠等方式，巧妙地回应客户，站在客户的角度为客户着想，积极地去解决客户提出的问题，达成双方都满意的共识。

· 销冠话术 ·

客户为难地说"没打算花这么多钱买东西",怎么回答

在一家宽敞明亮、装修时尚的鞋店内,灯光恰到好处地打在每一双鞋上,一位中年女士正在店内被一双款式时尚、做工精细的皮鞋所吸引。

这时,销售人员开始介绍这双鞋的特点,女士听着介绍,脸上露出了满意的神色。然而,当她看到价格时,却说:"没打算花这么多钱买东西。"

这个时候,销售人员要冷静,不要盲目加大推销力度,要走近客户,弄清楚客户是不是真的没打算花这么多钱买东西,还是只是想便宜点,或者想去其他店铺买等。这时可以运用**价值分解法**,将产品的价格按使用年限进行平均,让顾客觉得每天的花费并不高,从而降低顾客对价格的敏感度。

ⓧ **普通话术:**

销售人员:"哎呀,姐,这双鞋真的特别好,您就咬咬牙买了吧,不会后悔的。"

✓ **销冠话术:**

销冠:"姐,我特别理解您的感受,谁买东西都得考虑预算呢。这双鞋确实价格不低,但是您看啊,它的品质真的是一流的。这优质的皮革不仅穿着舒服,而且特别耐穿,您算一算,能穿好多年呢,这样平均下来其实每天也花不了多少钱。而且它这么时尚的设计,能让您在各种场合都光彩照

第七章 客户谈价格，销冠怎么说

人，这也是一种投资呀。咱也不一定要现在就决定买，可以再考虑考虑。或者我给您推荐几款性价比也很高，但价格稍微低一些的款式，您对比看看，说不定也有喜欢的呢。"

普通话术：

- 这种回答看似亲切地称呼客户为"姐"，但实际上并没有真正解决客户的问题，只是在强行劝说客户购买，没有考虑到客户的预算限制和实际情况。"咬咬牙买了吧"这种说法给客户带来压力，可能会让客户感到不舒服，甚至产生反感。同时，销售人员没有提供任何实际的解决方案来帮助客户缓解价格压力。

销冠话术：

- 首先，表达对客户感受的理解，拉近与客户的距离，让客户觉得销售人员不是只想着推销，而是站在客户的角度考虑问题。
- 接着，从品质和耐用性出发，运用"价值分解法"，强调鞋子虽然价格高，但长期来看，买了是值得的，把购买行为转化为一种投资，引导客户从新的角度去思考价值。同时，给客户留有余地，不强迫客户立刻做决定，让客户没有压力。
- 最后，提出推荐其他款式的建议，为客户提供更多选择，满足不同的预算需求，增加客户留在店里继续挑选的可能性。

· 销冠话术 ·

客户说"不能优惠就算了",怎么回应

"不能优惠就算了",这是顾客在使用以退为进的战术,以此试探价格底线。销售人员需要妥善处理,切记不能与客户争辩,否则顾客可能会"撤退",从而失去很多成单的机会。

在一家奢华的珠宝店内,灯光熠熠生辉,将展柜中的各类珠宝映照得光彩夺目。一位优雅的女士相中了一款精致的钻石项链。

销售人员看到女士对这款项链感兴趣,立刻热情地走上前来,开始为女士介绍这款项链的特点。女士凝神听着。

当女士询问价格后,说:"能不能优惠一点呢?"销售人员解释道:"女士,这已经是我们最优惠的价格了,因为它的品质和设计都非常出色,所以价格确实比较高。"女士有些失望地说:"不能优惠就算了。"

⊗ 普通话术:

销售人员:"这款项链真的不能再优惠了,我们已经给了您最实惠的价格。"

✓ 销冠话术:

销冠:"女士,我非常理解您觉得价格有点高的感受。这款项链确实在品质和设计上都投入了很多,所以价格相对较高。不过呢,虽然价格上不能再优惠了,但我可以为您提供一些额外的价值。我们店现在有一个特别的活动,购买这款项链可以成为我们的尊贵会员,以后您在我们店购买任何

第七章 客户谈价格，销冠怎么说

> 珠宝都可以享受积分，积分可以兑换精美礼品或者在下次购买时抵扣现金。而且，我们还会为您提供终身免费清洗和保养服务，让您的项链始终光亮如新。另外，我还可以为您搭配一些与这条项链相得益彰的小配饰，让您的整体造型更加完美。您看这样是不是能让您觉得更划算一些呢？"

普通话术：

- 这种回答只是在重复之前的说法，没有给客户任何新的信息或者建议，不能改变客户的决定。

销冠话术：

- 销售人员先是表达了对客户感受的理解，这会让客户觉得自己的意见被重视，从而缓解客户的失望情绪。然后，明确表示价格不能优惠，但是立刻提出了一些额外的价值来弥补客户在价格上的遗憾。成为尊贵会员、享受积分以及终身免费清洗和保养服务等，这些都是实实在在的好处，能够让客户在购买项链后持续获得价值。搭配小配饰的建议也能增加客户的获得感，让客户觉得自己得到了更多的东西。这样的回答既没有在价格上妥协，又为客户提供了多种有吸引力的选择，能够有效地提高客户购买的可能性。

· 销冠话术 ·

> 客户说"价格是不高,但是感觉用不了多久就会坏",怎么回答

一对年轻夫妻走进一家宽敞明亮、布置精美的衣柜专营店,他们看上了一款现代简约风格的白色衣柜。销售人员迎上来,说:"这款衣柜非常实惠,性价比很高。"然而,丈夫突然说道:"价格是不高,但是感觉用不了多久就会坏。"

丈夫的担忧引出了一个理论——感知风险,即消费者任何的购买行为,都可能无法确知其预期的结果是否正确,而某些结果可能令消费者不愉快。所以,消费者购买决策中隐含着对结果的不确定性,而这种不确定性,也就是风险最初的概念。

ⓧ **普通话术:**

销售人员:"二位,真的请放心,我们的衣柜质量肯定没问题的,不会那么容易坏啦。"

✓ **销冠话术:**

销冠:"先生,我非常理解您的担忧。买一个衣柜肯定希望能够长期使用。但是您放心,我们这款衣柜的质量是有充分保障的。首先,我们采用的是高品质的环保板材,这种板材经过了严格的质量检测,具有很强的抗压性和耐磨性,正常情况下可以使用很多年。而且我们的衣柜在生产过程中采用了先进的工艺和技术,确保每一个细节都做到完美。比如说,我们的五金配件都是选用的知名品牌,质量可靠,开

第七章　客户谈价格，销冠怎么说

关门非常顺畅，也不容易损坏。

　　其次，我们还提供完善的售后服务。如果在使用过程中出现任何质量问题，我们都会及时为您解决。您看，我们这里还有很多客户的好评和反馈，他们对我们的衣柜质量都非常满意。再加上我们这款衣柜的设计也非常合理，它的结构稳定，承重能力强，不易变形。您可以再仔细看看这款衣柜的细节，感受一下它的品质，我相信您一定会觉得它物有所值的。"

普通话术：
- 这种回答虽然语气很客气，但只是在简单地强调质量没问题，没有给出任何具体的理由或证据来支撑自己的说法。对于已经提出"感觉用不了多久就会坏"这种疑虑的客户来说，这样的回答显得比较空洞，无法有效地消除他们的担忧。

销冠话术：
- 首先，销售人员表达了对客户担忧的理解，让客户感到被尊重，从而缓解了可能产生的抵触情绪。
- 接着，用具体的事实和数据来消除客户的疑虑。同时，邀请客户再次观察衣柜的细节，增加客户对产品的信心。
- 最后，再次强调衣柜物有所值，引导客户做出购买决策。

· 销冠话术 ·

客户指着店里最贵的产品问"你们店里还有比这款更好的产品吗?"如何回答

当客户指着店里最贵的产品询问是否有更好的产品时,可运用**赞美肯定法**,赞美客户有眼光,肯定客户对产品的关注,让客户感到被认可和尊重,有助于建立良好的客户关系,从而进行下一步促销。

古色古香的茶叶店内,空气中弥漫着淡淡的茶香。一位穿着讲究的中年男士被一款包装精美的高档普洱茶所吸引。销售人员介绍过这款茶后,男士问道:"你们店里还有比这款更好的产品吗?"

✗ 普通话术:

销售人员:"先生,这款茶已经非常好了,我觉得您没必要再找更好的了。"

✓ 销冠话术:

销冠:"先生,您很有眼光,这款普洱茶确实是我们店里的上乘之选。不过要说有没有比它更好的,这很难一概而论呢,因为不同的茶叶都有其独特的魅力和价值。有的茶以醇厚口感见长,有的茶以独特香气著称。我们店里还有一些其他非常出色的茶叶,比如有一款陈年的乌龙茶,它的韵味十分悠长,香气淡雅而持久;还有一款珍稀的红茶,口感温润,带有独特的果香。但究竟哪一款更好,其实取决于您个人的口味偏好。我可以为您分别泡上一杯,让您亲自品鉴对

第七章 客户谈价格，销冠怎么说

> 比一下，这样您就能更好地判断哪一款更符合您心中的'更好'。"

普通话术：

- 这样的回答虽然试图肯定这款茶的价值，但带有一定的主观性，并且有点替客户做决定的感觉。客户提出是否有更好的产品，说明客户对更高品质的茶叶有需求或者好奇，销售人员不应该直接否定客户的这种需求。这种回答可能会让客户觉得不被理解，也会让客户觉得销售人员在强行推销这款茶，而不是真正从客户的角度出发去满足客户的需求。

销冠话术：

- 首先，运用"赞美肯定法"，肯定客户的眼光，与客户建立良好的关系。
- 接着，销冠没有简单地回答有或没有更好的产品，而是客观地指出不同茶叶各有特点，难以直接比较出绝对的"更好"，这样的回答更加理性和专业，也让客户明白茶叶的品质是多元化的。
- 然后，介绍了其他几款有特色的茶叶，引起客户的兴趣和好奇心，为客户提供了更多的选择。
- 最后，提出为客户泡茶品鉴的建议，让客户通过亲身体验来做出判断，增加了客户的参与感和对产品的了解，大大提高了客户购买的可能性。

· 销冠话术 ·

客户很直接地问"底价是多少?"怎么回应

在销售过程中,客户常常会直接询问底价,此时销售人员千万不能大意,销售人员的回应方式不仅会影响客户的购买决策,还会影响客户对品牌的印象,销售人员说错一句话,可能会带来不小的损失。如何巧妙地回应客户的底价询问,是每一个销售人员都需要掌握的技巧。我们可以运用**需求导向法**,即先不直接透露底价,而是询问客户的具体需求和预算,以便更好地为客户推荐更适合的产品,同时也为后续的价格谈判争取主动。

> 一位男士走进一家建材店内,看到琳琅满目的装修材料,从地板、瓷砖到油漆、灯具,应有尽有。店内的装修简洁大方,展示区摆放着各种装修材料的样品,可以直观地感受产品的质量和效果。
>
> 在店内逛了一圈,最后,男士被一款高档的实木地板所吸引。这款地板的纹理清晰,色泽自然,质量上乘。销售人员看到男士对这款地板感兴趣,马上走了过来,开始介绍这款地板。"这款实木地板是我们店里的高端产品,采用的是优质的木材,经过精细加工,具有很好的耐磨性和稳定性。而且它的环保等级很高,对您和家人的健康没有任何危害。"男士听了介绍后,很直接地问道:"底价是多少?"

✗ **普通话术**:

①销售人员:"我不知道底价是多少,我得问问经理。"

②销售人员:"先生,这真的已经是很优惠的价格了,我

第七章 客户谈价格，销冠怎么说

们不能再降价了，它的成本就很高，底价就是现在标签上的价格，一分都不能少。"

✓ 销冠话术：

销冠："先生，我非常理解您想要了解底价的心情。这款实木地板确实是我们店里的高端产品，质量非常好。不过，价格方面呢，我们也有一定的灵活性，但在我告诉您底价之前，我想先了解一下您的具体需求和预算。我们还有一些不同规格和款式的地板，也许有更适合您的选择，同时价格也可能更符合您的预期。而且，如果您购买的数量比较多，我们也可以给予一定的优惠。另外，我们还提供免费的安装服务和售后服务，这些都可以为您节省不少成本。您看好不好？"

普通话术：

■ ①"我不知道底价是多少，我得问问经理。"这种回答会让客户觉得销售人员不够专业，或者店铺的管理不够规范。客户可能会等待一段时间，但如果最终的价格不能满足他们的期望，他们可能会失去耐心而离开。

■ ②"先生，这真的已经是很优惠的价格了，我们不能再降价了，它的成本就很高，底价就是现在标签上的价格，一分都不能少。"这种回答看似在强调地板的成本高和价格的合理性，但实际上却没有考虑到客户的需求和感受。客户直接询问底价，说明他对价格有一定的疑虑或者希望能够获得更优惠的价格。这种直接拒绝降价的回答会让客户感到失望和不满，可能会导

· 销冠话术 ·

致客户直接放弃购买这款地板。同时，这种回答也没有给客户任何商量的余地，没有尝试去了解客户的具体情况和需求，无法建立良好的客户关系。

销冠话术：
- 首先表达对客户心情的理解，让客户感到被尊重和认同，从而缓解客户的急切情绪。
- 接着，运用"需求导向法"，通过询问客户的具体需求和预算，更好地了解客户的情况，为提供更合适的解决方案做准备。
- 提及不同规格和款式的地板以及优惠政策、免费服务等，展示产品的价值和店铺的优势，让客户觉得购买这款地板可以获得更多的好处。

第八章

销冠成交的秘密

促使成交是销售的关键环节。要深入了解客户需求,提供针对性解决方案;建立信任,以专业知识和真诚态度赢得客户认可;强调产品优势,如质量、功能、性价比等;可适时提供优惠或赠品,增加客户获得感;制造紧迫感,如限时折扣等,激发购买欲望;用口头语言和肢体语言让客户下定决心;及时解决客户疑虑,确保客户放心购买。通过这些方法,有效促使成交,实现销售目标。

· 销冠话术 ·

客户说"这件产品看着不错",怎么促进成交

在当客户说出"这件产品看着不错"这类的表达时,销售人员如何跟进是至关重要的,不妨使用需求场景代入法,即根据客户的需求,展示产品的功能,或者描述客户使用这款产品的场景,让客户想象自己在使用该产品时的惬意状态,增强客户的购买欲望。

在一家宽敞明亮的家电卖场里,各种品牌和型号的电视机陈列有序。一位中年男子在卖场看中了一款最新推出的智能高清电视机,销售员马上走过来,男子自言自语道:"这件产品看着不错。"

✗ 普通话术:

"大哥,那您赶紧买了吧!这款电视机特别好,您现在买绝对不亏。"

✓ 销冠话术:

销冠:"先生,您说得太对了!这款电视确实非常出色。您看它的超窄边框,不只是外观时尚,还能让您在观看的时候有更广阔的视野,仿佛身临其境。它的智能系统也特别方便,您可以轻松连接网络,随时点播自己喜欢的节目。您平时都喜欢看哪些类型的节目呢?我可以给您演示一下这款电视机在播放不同类型节目时的效果。"

客户:"我平时比较喜欢看体育赛事和电影,就怕这智能系统操作起来太复杂,我不太会弄。"

第八章 销冠成交的秘密

> 销冠:"先生,您完全不用担心这个问题。我们这款电视的智能系统操作非常简便。就拿您喜欢的体育赛事来说,您只需要对着遥控器说一声'我要看体育频道',它就会立刻为您切换到相应的频道。您看,我现在就给您演示一下。(说着,销售人员拿起遥控器,进行了语音操作的演示。)而且这款电视的画质和音效在观看体育赛事和电影时会更加突出,让您仿佛置身于比赛现场或者电影院中。您想象一下,在您忙碌了一天后,回到家坐在沙发上,用这款电视机观看您喜欢的电影或者节目,那该是多么惬意的事情啊。现在我们还有一些优惠活动,如果您现在购买的话,可以享受一定的折扣,还会赠送一些精美的礼品。您觉得可以吧?"

普通话术:

- 这种回应过于急切和强势,给客户一种被催促的压力感。

销冠话术:

- 销冠运用"需求场景代入法",首先针对客户的担忧进行了及时回应,强调智能系统操作简便,并通过具体的场景演示让客户直观地感受操作的便捷性。
- 整个过程中,销冠始终围绕客户的需求和喜好进行介绍,让客户感觉产品是为他量身定制的。
- 最后,销冠提出优惠活动和赠送礼品,增加了客户购买的动力。

· 销冠话术 ·

遇到常见托词"我再想想",怎么应对

销售人员经常会遇到客户以"我再想想""我再考虑一下""我再看看"这一类的托词离开店铺。这时候,销售人员的回应至关重要,恰当的应对可以留住客户,进一步促进成交,而不当的回应则可能导致交易失败。这时可以用**探寻疑虑原则**,即销售人员通过积极地沟通和询问,挖掘客户在购买过程中存在的各种疑虑和担忧,从而建立良好的客户关系,准确了解客户需求,提高销售成功率。

在一家家具店内,摆放着各种款式的电脑桌,有简约现代风格的,有实木复古风格的,满足不同客户的需求。一位年轻的上班族走进店内,他正在为自己的新公寓寻找一款合适的电脑桌。

他在店内逛了一圈后,被一款时尚的白色简约电脑桌吸引。这款电脑桌设计简洁大方,材质优良,非常符合他的审美。销售人员看到时机,立刻走过来介绍:"这款电脑桌是我们店里的畅销款,它的质量非常好,而且价格也很实惠。它的桌面宽敞,可以容纳您的电脑、文件和其他办公用品,您不妨来一张。"上班族听了介绍后,点了点头,然后说:"噢,我再想想。"

✗ **普通话术:**

销售人员:"先生,那您到底在想什么呢?您跟我说,我帮您解决问题。"

第八章 销冠成交的秘密

> ◎ **销冠话术：**
>
> 　　销冠："先生，我理解您想要再考虑一下的心情，毕竟电脑桌也挺重要的。您是不是还有一些疑虑呢？比如担心电脑桌的质量、尺寸是否合适，或者对价格还有些犹豫？您可以跟我说说，我可以为您提供更多的信息和建议，帮助您做出更好的决定。"

普通话术：

- 虽然销售人员表现出了热情和想要解决问题的态度，但是这种直接的询问方式可能会让客户感到被逼迫，不太愿意回答。客户可能会觉得自己的思考空间被侵犯，从而对销售人员产生抵触情绪。

销冠话术：

- 销冠运用"探寻疑虑原则"，通过真诚、主动地询问客户的疑虑，了解客户的真实想法，从而有针对性地解决客户的问题，拉近与客户的距离，促进客户下定决心购买产品。

·销冠话术·

> 客户直言不讳"我再看看，货比三家嘛"，如何应对

客户以"我再看看，货比三家嘛"为由而离开店铺。此时，销售人员要以**尊重客户选择**为原则，给客户留下好印象，吸引客户回来继续购物，不要强行促单。

在一家箱包店内，一位年轻的旅行者被一款坚固耐用且设计时尚的拉杆箱吸引，销售人员热情地说："喜欢就来一个吧。"旅行者却说："我再看看，货比三家嘛。"

ⓧ 普通话术：

销售人员："理解您想货比三家，不过我们这款拉杆箱真的很不错呢。您看它的材质多好呀，设计也时尚，价格也很合理，您去其他家也不一定能找到这么好的。我们店现在还有一些小赠品，您要是现在买的话就可以拿走。"

✓ 销冠话术：

销冠："先生，我非常理解您货比三家的想法。拉杆箱是经常要拉到外面走远路的，您肯定想选一个最适合自己的。我们这款拉杆箱确实有很多优点，您刚才也看到了。不过，我也建议您去其他家看看，比较一下不同品牌和款式的拉杆箱，这样您才能做出最明智的选择。在您比较的过程中，如果有任何问题，随时回来找我，我会为您提供最专业的建议。"

第八章 销冠成交的秘密

普通话术：

■ 这种回应方式虽然比较委婉，但仍存在不当之处。一方面，强调去其他家不一定能找到这么好的拉杆箱，可能会让客户觉得销售人员在贬低其他商家，从而产生反感。另一方面，用小赠品来吸引客户购买，可能会让客户觉得销售人员只是在利用赠品来促成交易，而不是真正关注产品本身的价值。此外，这种回应没有真正解决客户货比三家的需求，没有提供给客户更多有价值的信息来帮助他们做出决策。

销冠话术：

■ 销冠的对答本着"尊重客户选择"的原则，首先表达了对客户货比三家的理解，让客户感到被尊重。然后鼓励客户去其他家比较，显示出销售人员的自信和对产品的信任。同时，销售人员还表示随时为客户提供建议，让客户感受到了贴心的服务。

当客户表示要货比三家时，销售人员不能强行推销，而应该运用"尊重客户选择原则"，理解客户的需求，鼓励客户去比较，为客户提供贴心的服务。只有这样，才能有效地应对客户的犹豫，增加客户的购买意愿。

 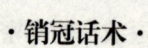·销冠话术·

展会合理促销话语

在当今的消费市场中，促销活动无处不在。然而，不同的促销方式可能会带来截然不同的效果。促销时，可以运用峰终定律，峰终定律是由心理学家丹尼尔·卡尼曼提出的，指的是人们对一段经历的记忆主要取决于两个关键因素：高峰（无论是正向的还是负向的）时的体验和结束时的体验。也就是说，人们往往会根据在体验过程中的最高峰和结束时的感受来评价整个体验。峰终定律在销售中的应用主要是创造高峰体验或优化结束体验。

> 踏入某品牌智能手表展会现场，一股强烈的科技感与时尚气息扑面而来。展会现场还播放着动感的音乐，营造出一种充满活力的氛围。
> 为了卖出更多的产品，展会广播响起了促销的声音。
>
> ⊗ **普通话术：**
> 销售人员："顾客朋友们，来看我们的智能手表啊！功能多，款式多，赠品多，现在买还有优惠，别再犹豫了，赶紧买下心仪的手表吧，过了这村没这店了。"
>
> ✓ **销冠话术：**
> 销冠："亲爱的朋友们，欢迎来到我们的智能手表展会现场。这里的每一款手表都如同科技与时尚完美融合的艺术品，当您戴上它，不仅能精准监测心率、分析睡眠、追踪运动，更是一种生活品质的提升。现在购买我们的智能手表，还可获得精美定制表带，让您的手表独一无二。而且我们还

第八章 销冠成交的秘密

有专业的售后服务团队，随时为您解决使用中的任何问题。在您完成购买后，我们还会送上一份神秘小礼物，为您的这次体验画上完美句号。快来选购属于您的智能手表吧！"

普通话术：

- 首先，销售人员没有创造峰值体验，只是强调功能多、款式多、赠品多和优惠，表述平淡且缺乏对产品独特优势和价值的具体阐述，无法让顾客产生兴奋感。其次，终值体验不佳，催促顾客赶紧买，给人压力，"过了这村没这店"的说法可能引起顾客反感。销售人员没有在结尾给顾客留下积极的印象或小惊喜，无法提升终值体验。整体促销方式简单粗暴，未能从顾客感受出发，难以激发顾客的购买欲望。

销冠话术：

- 首先，强调手表是科技与时尚融合的艺术品，提升产品价值感，创造峰值体验。接着，说明购买可获定制表带和专业售后服务，增加产品吸引力和顾客的安全感。最后，用神秘小礼物作为终值体验，给顾客留下惊喜和期待，从而提高顾客的购买意愿，合理运用了"峰终定律"。

· 销冠话术 ·

只需再加 1 块钱

换购策略是一种有效的营销方式，旨在刺激消费者进行二次消费，提升销售业绩。

消费者在看到原本商品价格后，再面对只需加 1 块钱就可以换购另一个商品时，会以原价作为价格锚点。由于换购价格与原价相比极低，会让消费者产生强烈的"划算感"，这就是**价格锚定法则**。比如一个商品售价 100 元，现在只需加 1 块钱就可以得到价值可能在几十元的另一个商品，消费者会觉得非常超值。

在一家家电卖场里，一位先生看中了一台 699 元的除湿器，但是觉得有点超出预算，所以有些犹豫。

销售人员决定运用"加 1 块钱"的换购策略。

ⓧ **普通话术：**

销售人员："先生，我们店现在搞活动，您加 1 块钱能换两片滤网，多划算啊，您别犹豫了，赶紧加 1 块钱买吧。不买多吃亏呀，这除湿器您也看半天了，就别再纠结那点预算了。"

✓ **销冠话术：**

销冠："先生，您看这台除湿器真的非常适合您家的情况呢。它的除湿效果特别好，能快速解决您家里潮湿的问题。而且这款除湿器的质量也很可靠，能用很长时间。虽然 699 元的价格可能稍微超出了您预算，但是您想想呀，现在只需要加 1 块钱，您就能换购到 2 片除湿器滤网呢。这滤网能让您的除湿器更长时间保持良好的工作状态，等于您花了

第八章 销冠成交的秘密

很少的钱,却为未来节省了更多的成本。您今天把它带回家,不仅马上就能享受干爽的环境,还为以后的使用做好了充足准备,多划算呀。"

普通话术:

- 这种话术比较强势,给顾客带来压力,没有考虑到顾客对超出预算的担忧,同时用"吃亏"这样的表述可能会让顾客产生反感,觉得销售人员只是为了推销,而不顾及自己的实际情况。而且这种催促式的话语容易让顾客产生抵触情绪,反而降低了顾客购买的可能性,"浪费"了换购带来的吸引力。

销冠话术:

- 首先,再次强调了除湿器的优点,如除湿效果好、质量可靠等,强化顾客对产品的认可度。接着,指出价格虽超出预算但幅度不大,同时适当使用"价格锚定法则",引出换购策略,突出只需要加1块钱就能得到有价值的除湿器滤网,让顾客感受到实惠。然后说明滤网能延长除湿器使用时间,从长远角度为顾客分析成本,让顾客觉得这是一笔划算的交易,从而增加顾客购买的可能性。

119

·销冠话术·

"清仓甩卖"不灵了吗

"亏本大清仓,实惠到尖叫!"
"限时特价,疯狂折扣,一件不留!"
"清仓大甩卖,低价狂欢购!"
"紧急清仓,全场超低价,错过不再有!"
"疯狂清仓甩卖,时尚好物一网打尽!"
"清仓大处理,价格低到尘埃里!"

这些话曾经给商家带来了诸多的利益,但是随着大家对销售的套路越来越了解,这些"金点子"也逐渐失去了昔日的奇效。

这种情况下可以用社会认同法则辅助促销,社会认同法则指的是人们在判断是非、做出决策时,往往会参考他人的行为和意见。人们倾向于认为,如果很多人都在做某件事情,那么这件事情一定是正确的、值得去做的。在销售领域,社会认同法则可以帮助销售人员引导客户做出购买决策。

一个卖包的店铺清仓甩卖,销售人员在店门口拉客人,人来人往,销售人员如何能把路人变成客户呢?

⊗ 普通话术:

销售人员:"姐,我们现在亏本清仓呢,您买了肯定划算。您赶紧买吧,过了这次活动就没机会了。"女士皱了皱眉,没有停下脚步,继续往前走。

第八章 销冠成交的秘密

> ✓ **销冠话术：**
>
> 销冠："姐，您好呀！我们这里正在进行亏本清仓活动呢。您看这款产品，它的质量非常好，之前一直很畅销，现在因为清仓，价格特别实惠。再拿这个包包来说吧，材质高档，设计时尚，而且容量很大，非常实用。您现在购买，真的是物超所值，而且我们还有一些小礼品赠送哦。"女士停下脚步，开始仔细查看包包。

普通话术：

- 这种促销方式比较生硬和急切，容易让顾客产生抵触情绪。

销冠话术：

- 销冠的促销方式更容易让人接受。首先，微笑和友好的态度让顾客感到舒适。其次，具体说明了产品的质量、特点和优势，然后运用"社会认同法则"，强调包包之前一直很畅销，利用了人们的从众心理。当顾客听到这个产品之前受到很多人的认可和购买时，会觉得这个产品应该是有价值的，从而增加自己购买的可能性。最后，提到小礼品赠送，增加了顾客的获得感，给顾客留下好的购物体验。

不当的促销方式可能会让顾客反感，而巧妙的促销方式能吸引顾客，提高销售。促销人员应该以友好的态度、具体的产品介绍和额外的福利来吸引顾客，让顾客真正感受到实惠和价值，从而促进销售。

 ·销冠话术·

有理不在声高

在销售场景中,销售人员的表现往往决定着交易的成败。"有理不在声高",就是指让客户相信自己不是靠提高说话的音量来销售的。销售人员要运用**同理心法则**,即设身处地地理解顾客的处境、情绪和需求,站在顾客的角度思考问题,从而更好地满足顾客。

⊗ **普通话术:**

①销售人员:

(一家服装店正在进行促销活动,促销人员小张看到一位顾客在店门口徘徊,便大声喊道)

"快来看看啊!我们这里的衣服都是最好的,价格也是最低的!不买你就亏了!"

②销售人员:

(有位顾客走进一家电子产品的店里,促销人员小林立刻满脸堆笑地迎上去)

"哥,您来了!今天可真帅啊!您看您气质这么好,肯定得配我们这儿最好的电子产品。"

(顾客微微皱眉,不回应。小李紧跟,不停地说着各种奉承话)

"哥,您一看就是成功人士,咱这新出的手机特别适合您,功能强大,拿着倍儿有面子。"

(顾客有些不耐烦,想要摆脱小林,小林黏着不放)

"哥,您别走呀!您看我这也是真心为您推荐。咱这手机真的特别好,您用了肯定能彰显身份。您再考虑考虑嘛,

第八章 销冠成交的秘密

我保证您买了不会后悔。咱们这么有缘，而且我们现在还有优惠活动呢，错过可就太可惜了。您这么有眼光的人，肯定能看出这手机的价值。"

▽ 销冠话术：

①销冠：

（另一家店的促销人员小王看到一位顾客在店门口看店里模特穿的一件衣服，微笑着走上前去，亲切柔和地说道）

"您好，欢迎光临我们的店铺。我看到您对这件衣服很感兴趣，它确实有很多不错的地方。比如它的材质非常耐穿，设计也很时尚，而且我们现在正在进行促销活动，价格非常实惠。您可以试一下，我给您拿一件，看看是否符合您的需求。"

（小王给顾客拿了一件与模特所穿同款的衣服，顾客听了小王的介绍，感到很舒服，便拿起衣服准备试穿）

②销冠：

（同样在这家店，促销人员小卢看到顾客后，微笑着点头示意，等顾客在某款产品前驻足时，才走上前去）

小卢："您好，这款产品是我们的新品，它有几个非常突出的特点。比如它的处理器速度非常快，续航能力也很强。如果您平时对手机性能要求比较高的话，这款可能会很适合您。"

（顾客听了小卢的介绍，开始询问一些具体的问题）

顾客："那它的内存怎么样呢？"

小卢："这款手机的内存有多种选择，无论是存储大量照片、视频，还是安装各种软件，都能找到适合您的版本。而且它的运行内存也很大，可以保障手机在多任务运行时依然流畅。"

·销冠话术·

> 顾客:"价格方面呢?"
>
> 小卢:"现在我们店铺有一些优惠活动,价格非常划算。而且考虑到这款手机的高性能和优良品质,它的性价比是非常高的。您购买之后,我们还会提供优质的售后服务,让您没有后顾之忧。"
>
> (小卢耐心地解答,并根据顾客的需求提供了一些专业的建议。最后,顾客经过考虑,决定购买这款手机)

普通话术:

- ①小张的这种促销方式过于激进和大声,没有真正了解顾客的需求,只是在强行推销。
- ②小林的这种促销方式就是使劲套近乎,这种方式让顾客感到不真诚,甚至觉得被打扰,从而产生反感。

销冠话术:

- ①小王的促销方式很巧妙,用平和的语气与顾客交流,并邀请顾客试穿,让顾客亲自感受商品,运用了"同理心法则",让顾客感到被尊重和关注,更容易接受销售人员的推荐。
- ②小卢的促销方式符合"同理心法则",更加注重从顾客的需求出发。在合适的时机以专业的知识和客观的介绍来吸引顾客,让顾客感到被尊重和理解,从而增加了对产品的信任和购买的意愿。

第九章

销冠教你售后处理

销售圈里流行着一句话：打败产品的不是产品，而是售后。作为一名合格的销售，我们应当将成交作为与客户新关系的起点，而不是以为我们与客户的关系止步于产品成交的那一刻。然而，我见过太多销售伙伴对售前技巧特别精通，对如何处理售后、产生售后后如何巧妙地维护与客户间的关系等情境很是陌生。

在本章，我们将了解如何用巧妙的语言进行售后沟通；遇到客户投诉、退货，我们应当如何进行有效沟通以平息客户怒火、正确处理客诉；如何通过有效售后打造二次销售契机……学会处理售后，迈上销售新台阶。

· 销冠话术 ·

有效处理售后问题,我有话说

定势效应通常是指人们在面对新情境之时,往往会通过既往的经验和预先收获的固有印象来对事物进行评估和决策。定势效应通常表现为刻板效应和晕轮效应。定势效应应用在售后中,往往表现为:客户对于售后体验的评价往往会影响客户对产品质量的评估和二次购买意愿的形成。

因此,成功的销售从不将与客户的合作达成作为彼此关系的终点。销冠为何能在众多销售中脱颖而出?其中很关键的一点就是他们能够将售后行为打造为提升销售与客户关系、促进新销售空间形成的跳板。而且,有效地处理售后问题,是展现销售专业技能和服务水平的机会。

大量研究表明,客户在收获良好的售后体验后,往往会对企业产品质量、企业专业性、企业口碑有更为正面的反馈,并且会有强烈意愿继续购买企业的新产品。所以,进行有效售后往往能给我们带来忠实客户以及经由老客户推荐而来的新客户。

王先生购买了一部新款智能手机,但使用过程中发现手机屏幕常常会出现闪烁问题,客户认为手机存在严重质量问题,要求做退货处理。

⊗ **普通话术:**

销售小 A:"客户您好,很抱歉您在使用产品的过程中获得了不好的产品体验。针对您反馈的问题,我来做出解

第九章 销冠教你售后处理

答:我们的手机在出厂前都进行过严格的质量检测,确保手机没有质量问题才会给到客户手中。关于屏幕闪烁问题,可能是由于您所下载、使用的应用程序不兼容,建议您可以更新应用程序或者更新系统试一试。"

✓ 销冠话术:

销冠:"客户您好,非常抱歉给您带来的不良产品体验,关于您反馈的'手机屏幕常常闪烁'问题,我已经帮您反馈到了技术部门,给您造成的不便我们深感歉意。您放心,您的问题我们一定尽快解决。首先,我这边与您先确认一下,您是否有试过重启手机或者更新系统、下载完整的系统安装包呢?如果还没有,我们可以先尝试一下。如果还没有解决,我们可以帮您进行更详细的远程诊断或帮您预约距您最近线下维修点。您看可以吗?"

销冠话术高明在哪儿呢?首先我们先来分析普通销售的话术,普通销售基于对产品的自信,话术上采用了"道歉+否认产品质量问题"的结构,这很有可能会进一步激化客户情绪,让客户觉得销售是在推诿责任,甚至觉得销售在指责自己。客户会形成"这家产品质量不好,销售卖出产品便不负责"的定势思维,这就使得我们不仅损失了这位客户,还会损伤我们的口碑,如果这位客户有一定的社交影响力,那么我们所损失的口碑、潜在客户就更多了。

再来看销冠话术。结构上,销冠话术采用道歉+重复客户问题+给出反馈+给出解决方案+询问客户意见的模式。首先道歉安抚客户的情绪;其次重复客户问题、给出解决问题的方案让客户从心理上感受到销售很重视他的诉求,并能够妥善解决;最后

·销冠话术·

询问客户的意见，达成双向沟通。这样的方式，能够让客户在心理上更为舒适、感受到被尊重、感受到销售解决问题的诚意。因此，客户很有可能因这次售后增强对品牌、对销售伙伴的信任感。

第九章 销冠教你售后处理

成交后的"三大黄金期"跟进话术

要想将现有客户转化为忠实稳定的老客户,一个制胜法宝就是售后跟进。掌握好恰当的跟进节奏,把握好跟进的三个黄金期,能够帮助我们稳固客户关系,并且进一步开拓销售空间。

第一个黄金期:交货后的两到三天

与客户成交的第二到第三天,是一个很关键的时期,在这一阶段销售主动联系,可以使客户感到我们对客户的尊重和关心,这样,可以为后续的友好沟通、后续的销售工作奠定良好的基础。在用词上,销售伙伴们要掌握几个要点:第一,首先要对客户表示感谢,可以从"认可产品""对销售本人的信任""对品牌的支持"等角度来感谢客户。第二,我们可以根据产品性质,适当地为客户提供一些使用建议、安装指导、养护方法或者注意事项等。第三,重申附加服务,我们附赠给客户的服务是实体商品延伸的一部分,但它也是很容易被客户忽视和遗忘的一部分,客户对于附加服务的了解和使用有利于在客户间提高我们产品的核心竞争力。

第二个黄金期:交货后的一周

交货后一周,多数客户在这个时间段已经对产品有了一定的使用和体验,此时销售要做的就是回访客户在使用过程中的体验或者遇到的问题。及时回访,可以给客户留下认真负责的好印象,同时,及时解答客户在使用过程中遇到的困惑和问题,也可以预防客诉的产生,营造和谐的客户—销售关系。

第三个黄金期：依据产品性质决定

第三个黄金期要依据产品性质来决定，如果是消耗品，那么销售跟进的黄金期就在按照平均消耗周期结束前的一至二周左右；如果是非消耗品，销售跟进的时间可以是新产品上市时，具体来说，主要的切入点为同类型产品更新换代、互补产品的上市等。

总之，把握好三个黄金时期，可以帮助销售建立长期、稳定的客户关系。

第九章 销冠教你售后处理

处理客户投诉,一个原则就搞定

当销售收到客户投诉时,常常会感到烦恼不已,实际上,售后既是挑战,也是一个机遇。

妥当的售后服务为我们赢得客户,不妥的售后服务让我们损失客户,甚至损伤品牌口碑。

如何做到妥善地处理客诉呢?销售伙伴们可以把这个口诀记在心里:**客户是上帝,道歉语真诚,行动得跟上**。这个口诀的底层原理来自**奥美原则**。奥美原则由美国奥美广告公司提出,具体说来,就是"服务客户至上,追求利润次之"。奥美原则认为,不能把"客户就是上帝"只落实在嘴上,而要落实在行动上。

可是,一个企业最核心的部分就是"利润",为什么奥美原则认为"追求利润次之"呢?这是因为,奥美原则追求的是长期利润、总体利润而不是短期利润、局部利润。做好产品的售后,可能会增加成本、减少利润,但从长远角度来说,却可以为企业缔造口碑,企业口碑就是企业市场份额的保障,这比一时的利润要重要得多。相应的,一个产品有了金牌口碑,销售渠道也就扩大了。

基于这样的认识,我们再来看销冠话术:

> ✅ **销冠话术:**
>
> 销冠:"非常抱歉在使用我们产品的过程中给您造成的不便,请您放心,我们一定会为您妥善解决问题。为了更好地解决您的困扰,还请您详细描述一下在使用产品中遇到的问题。"

· 销冠话术 ·

然后客户就会针对产品的问题给出我们相应的反馈，而我们一定要将客户的反馈记录详细，在客户反馈的过程中我们也可以及时用"好的"等简单的礼貌用语给出回应，让客户知道我们一直在认真聆听。在记录完毕后，要向客户复述对方所反馈的问题，以便核实信息是否有遗漏。

当客户反馈记录完毕后，接下来是解决问题的关键：耐心询问客户的意见和诉求。这样做有两个好处：第一，根据客户诉求，我们可以更有效率地提出具体的解决方案。第二，围绕客户诉求提出解决方案，可以让客户有更强的参与感与被尊重感，从而提升客户满意度，加强销售与客户间的情感纽带。

销售伙伴在与客户沟通时，要遵守以下几个原则：

- 语气平和温柔，这样可避免激化客户情绪。
- 态度要真诚，不能为解决问题就做出"假大空"承诺。遇到不能解决的问题，如实反馈给客户，争取客户的理解。
- 在联系客户进行沟通前，要注意寻找恰当的时机。可以先征求客户的意见，询问客户的时间是否方便，如果此时不方便，请客户指定一个具体的时间，我们再来联系客户。

总之，要将奥美原则记在心里，具体来说，就是尽可能地赢得客户满意，赢得口碑。

第九章 销冠教你售后处理

客户因产品质量问题要求退货，如何回应

美国田纳西银行前总经理L.特里提出一个管理学法则：承认错误是一个人最大的力量源泉。这一法则后来被命名为**特里法则**，它启示我们，承认错误能带给我们更大的力量，敢于正视错误的人，将收获错误以外的东西。

在产品销售过程中，尽管我们始终追求产品的尽善尽美，但也难以避免偶有瑕疵的情况。我们在未留心的情况下让这样的产品到达客户手中，客户便会因此提出退货要求，这无疑是对销售灵机应变能力与服务态度的挑战。

那么，我们应当如何应对这一挑战呢？答案在于用好特里法则，在保障客户权益的同时，也要做好公司形象的维护。

具体来说，客户遇到产品质量问题时，首先在情绪上可能有些激动，因此销售伙伴要做的便是先稳定客户的情绪，客户在情绪激动时，是难以理性地与我们进行沟通的。

✓ 销冠话术：

销冠："王先生，非常感谢您向我们反馈产品的质量问题，并提出退货的要求。首先，我代表公司向您致以最诚挚的歉意，给您带来了这样不好的使用体验，这绝非我们的初衷。您放心，对于质量问题，我们公司一向高度重视。我们会立即对这个情况进行深入调查和分析，找出问题的根源，以确保类似的情况不再发生。关于您的退货请求，我会马上为您办理，并且会尽最大努力简化流程，让您能够尽快完成

· 销冠话术 ·

> 退货，减少麻烦。同时，为了表达我们的诚意和对您的补偿，您回购我们的产品时，我们会给您提供一定的优惠，希望在您下次购物时能够感受到我们的改进和提升。再次为给您造成的不便表示深深的歉意，也感谢您让我们有机会改进和完善服务及产品，我们期待未来能够重新赢得您的信任和支持。您看这样的处理方式您是否满意呢？"

这一话术的要点在于：销售不回避产品本身的问题，敢于正视问题，且对客户富有同理心，能够对客户遇到的问题感同身受，在积极地为客户解决问题。

不过在解决产品质量问题的具体方案上，我们不要仅局限于退换货，也要考虑是否能通过维修等方案解决问题。另外在进行售后活动时，要随时与客户保持沟通，持续沟通有助于保持服务进程的透明度，从而平息客户怒火、建立信任纽带。

当我们做到了特里原则的第一部分——正视问题后，我们便可以体会到特里原则的第二部分——有所收获。通过我们完善的售后服务，收获的是客户对我们的信任感以及客户的满意度。

第九章 销冠教你售后处理

良好的售后体验是开启二次销售契机的钥匙

良好的售后体验是赢得客户忠诚度的关键，是开启二次销售契机的钥匙。只着眼短期盈利、只看重短期成交率、对客户反馈不以为意的销售，很难获得与客户长期、深度的合作机会。

因此，一个优秀的销售往往格外注重为客户提供"持续性服务"。对于客户的反馈，卓越的销售总是能快速响应，客户遇到的疑难，他们也能及时解决。长此以往，我们就会与客户建立起深厚的情感纽带，很多持续合作都是以此为基石的。

陈阳在某电脑品牌店购置了一台笔记本电脑，谁知道没过多久，电脑便出现了故障。陈阳找到店员王晓反馈，王晓耐心地聆听并详细地记录陈阳遇到的问题，分析出了几个造成问题的可能因素，并且也及时联系了技术部门。在等待技术部门反馈的过程中，销售王晓并没有冷落客户陈阳，反而主动与他聊起了一些日常生活中能够用到的电脑使用知识和养护知识。一番闲聊既凸显了王晓作为销售的专业性和服务意识，又使陈阳轻松地度过了售后等待时间，最关键的是，这番谈话拉近了王晓与陈阳的距离。

一会儿，在技术部门的指导下，王晓通过更新软件的方式帮助陈阳解决了问题，之后又为陈阳检测了硬件、做了日常养护。期间，王晓还与陈阳聊起了店内的新产品与最近的优惠活动。

果然，一个月以后，陈阳的公司恰好有电脑采购的需求，陈阳首先想到的便是王晓，王晓也以优惠的价格促成了与陈阳的二次合作。

从陈阳和王晓的案例中，我们可以看到，稳固客户关系，优

· 销冠话术 ·

质的服务是关键。许多销售总把售前服务做得尽善尽美，却忽略了售后服务，因而错过了很多拓展客源、达成二次合作的机会。要想建立长期客户关系，在与客户交流沟通时，我们要做到以下几步：

1. 面对客户反馈要有积极的态度

销售伙伴要学会转变心态，把来自客户的反馈和意见作为我们更新产品、改进服务的一个新方向、新契机。

2. 所提供的服务应细致而全面

产生售后问题后，我们要主动寻找解决方案，尽量满足客户诉求是基本要求。但同时，我们也要进一步要求自己，反省自己：是否有为客户提供更加详尽的解决方案？在客户的基础要求上是否能够做得更好？是否有机会创造新成交？……这些都是销售伙伴们在处理售后过程中可以提升的方向。

3. 要想深化合作，学会主动沟通

无沟通，无成交，销售的核心技能就是善于沟通。在解决了售后问题后，销售也应与客户保持联系，及时跟踪产品情况。持续沟通与优质服务，可以帮助我们巩固客户关系，开拓合作新商机。

总结来说，积极态度、全面服务、持续沟通这三者缺一不可，积极态度是销售成长的必备心态；全面服务是客户愿意与我们再合作的基础；持续沟通是通往新商机的有效途径。要想在激烈的市场竞争中脱颖而出，这三样法宝要握紧。

第九章 销冠教你售后处理

客户反馈对收到的商品不满意,如何回应

心理学上有个很著名的概念叫作<u>替代性攻击</u>,通常是指个体遭受挫折后无法直接向挫折制造的源头表达愤怒或不满,转而将怒气发泄到另外的处于相对较弱地位的"替罪羊"身上。某些时候,这一概念在销售领域也适用。

一些客户在收到产品后,并不会如同我们所期望的那样,给予我们一个积极正面的反馈,反而会对我们的产品吹毛求疵、处处抱怨,甚至有时候还会对销售本人诸多指责。

当我们想要从客户处获取更加详细的反馈时,客户却又说不出所以然,只是强调他十分"不满意",这时我们可以思考一下,我们是否遭到了客户的"替代性攻击"了呢?

也许许多销售伙伴在遇到这种情况会下意识地指出我们的产品到底有多优秀,或者指明这是客户本人之前挑选好的,为何突然变卦?这样的行为是无助于问题的解决的。

有经验的销售面对这种情况,往往会采用 LAS 话术。LAS 话术简而言之就是与客户谈话的过程中,要做到倾听(Listen)+ 接纳(Accept)+ 提供解决方案(Solution)。

面对客户的无端指控,许多销售的第一反应是感到十分委屈,这是错误的。许多能成为销售冠军的人,不仅擅长出售产品,更重要的是他们能为客户提供情绪价值,与客户"交朋友"。

1. 学会倾听(L)

销冠们在面对这样的情况时,首先要做的是倾听客户的诉求,让客户情绪得到宣泄。客户的情绪得到有效释放,我们与客户后

· 销冠话术 ·

续的沟通才得以开展。同时，通过倾听客户倾诉，我们也可以了解问题产生的缘由或具体细节。

2. 学会接纳（A）

在倾听的基础上，销冠往往能够接纳客户，他们的谈话方式往往是站在客户的立场上，对客户提出的问题表示理解和赞同。这一阶段所要达成的目标是获得客户的信任，让客户与我们产生共鸣，从情感上与我们统一战线。

3. 解决方案（S）

客户的问题我们已经知晓，客户的情绪已经相对平复，这些都为我们解决问题打下了良好的基础。在解决问题时，我们最好不要只预备一个方案，而是预备 2-3 个方案，如果一个方案行不通时，再拿出另一个，这会令客户产生我们"准备充分"的好印象，另外，客户有选择的余地，也会增强他的掌控感，从而令他达到心理上的舒适，这也对促成问题的解决有很大帮助。

值得注意的是，我们所提出的方案一方面应以满足客户的合理需求为宗旨，另一方面，也要兼顾公司的实际情况和资源限制。我们所提出的方案，应该是以切实具体、具有可操作性为原则的。

第九章 销冠教你售后处理

产品成交后,销冠的客户维护话术

成交后的售后维护,往往是最容易被新手忽视却最被销冠重视的一个环节。销冠如何进行成交后的客户维护呢?首先要避免零散式服务,诸如升职小礼物、偶尔的微信寒暄……这些行为看似做了客户维护,其实是无效的努力。

要知道,仅仅是偶尔送礼物或节日寒暄是难以达成有效的客户维护的,客户维护是涵盖售前、售中、售后这三个环节的完整的体验链条。要想做到稳定的成交,就要将客户维护融入这个链条的各个环节。

对此,我们可以将客户体验分为以下三个环节:

1. 满足期待

销售行业要想做好客户维护,最核心的要求便是满足客户期待。具体来说,满足客户期待,需要做到以下几方面:

(1)产品介绍要专业

销售在介绍产品时切忌"千人一药",即对不同的人群都推销同样的产品、使用同样的销售策略。在销售的过程中,我们应该针对客户的不同,量体裁衣。在介绍产品之前,我们首先要弄清楚客户的需求和偏好,这样有助于我们进行更专业的、更符合客户需求的产品推荐。

(2)上新产品要推荐

企业更新产品、升级产品,一定要向客户及时推荐,目标客户为此前有购买类似产品意向的客户群、目前仍在使用旧款产品的客户群等。

·销冠话术·

（3）产品使用要回访

对于已经成交的客户，我们可以定期回访，一方面表达出我们对客户的重视；另一方面我们可以将客户意见作为我们提升服务、改进产品的新方向。

（4）售后服务要及时

产生售后问题后，要积极面对并以最快的速度解决客户遇到的问题。

此外，我们还应充分利用好社交媒体，加强与客户的联系。比如要关注客户社交媒体，同时打造好自己的社交媒体人设。另外，对客户进行定期问候也是加分项。

2. 超出期待

在服务上，我们不能只追求合格服务，而应该力求满分服务、金牌服务，仅以满足客户基本需求为目标是远远不够的。与客户的交流过程中，不仅可以推销、介绍商品，也可以产出一些知识性内容，实体商品还可以赠送一些额外的养护服务。这些核心产品之外的服务，可以在客户心中强化我们的行业专家形象，进一步增强客户对我们的信任感和满意度。

3. 营造记忆点

我们要擅长营造记忆点，如此一来，客户在产生购买需求之时，第一时间就会想到我们。如何做到营造记忆点呢？这需要我们多维度打造记忆点，例如文案的别出心裁、产品的优质新颖、服务不与同行同质化……

第十章

销冠如何拓客

> 销售是一门艺术,是智慧的较量。它更像是一出互相角逐的探戈舞,在较量与竞争中呈现出力与力碰撞的美。销售是一个充满机遇与挑战的战场,在这个战场上,唯有身经百战、通晓古今战术之人才能最终胜出。要想做这个战场上的常胜将军,积极拓客是销售的决胜法宝。

 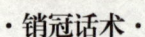

利用客户的客套话拓客

我们在销售的过程中，常常会遇到客户说客套话："如果这个产品我使用得好，我会帮你推荐推荐的。"销售小白此时往往会被客户感动得"一塌糊涂"，甚至在成交后还会左右琢磨，"客户有帮我介绍新客户吗？""客户介绍的新客户怎么还没来？"实际上，这是客户在跟我们开一个"小玩笑"——他们想要通过这类寒暄，来确保我们能够最大限度地为他们提供优质的服务。

"这个我要是用得好，我推荐身边的朋友们都来买。"

"我的朋友也喜欢这类产品，您给我优惠些，我帮你向身边人推荐推荐。"

"要是你能把我的头发打理漂亮，我肯定向身边的朋友宣传你们理发店。"

虽然这几位客户从表面上看都是要为我们介绍新客户，但仔细辨析他们话语中的逻辑就可知道，客户的真实意图是试探我们的态度和确保服务质量。实际上，这是客户为了确保自己的利益最大化，而做出的影响服务提供者态度的尝试，这是一种比较典型的利益交换策略。

利益交换策略，往往发生在双方有利益冲突或者进行利益交易的场景，为了确保自身利益的最大化，各方会通过提出或接受条件来影响对方的决策。所以，真正的销冠从不会被一句"如果这个产品我使用得好，我会帮你推荐推荐的"给诱惑到，反而会乘胜追击，真的让客户帮我们推荐新客户。

下次再遇到这种情况，我们可以学习销冠的做法，采用承诺

第十章 销冠如何拓客

与一致原则,安抚客户情绪,给他们一个明确的希望,让他们看到自己的担心是多虑的,如此一来,客户有极大可能为我们进行真正推荐。

承诺与一致原则指出,人们一旦做出承诺,就不倾向于违背承诺,以免危害自我形象的一致性。

> 一位客户明确向销售表示,如果这次提供了优质服务,以后会为销售推荐新的客户。
>
> ⊗ **普通话术:**
> 销售员:"那真是太感谢您了。"
>
> ✓ **销冠话术:**
> 销冠:"客户请您放心,我们承诺会始终如一地为每位客户提供最优质的服务。如果您能为我们推荐新客户,您与您的朋友,我们都能提供额外的优惠和专属服务。"

通过给出承诺,客户的顾虑被打消,这一举动实际上是引导客户形成一个心理预期,同时也是通过承诺的方式获取客户信任的举动。接下来,我们只要兑现自己的承诺:为客户提供优质服务就好。

另外,分析销冠的话术,我们可以看到,销冠并没有将"提供优质服务"与"介绍新客户"联系起来,而是用**"提供额外的优惠和专属服务"来激励客户推荐我们**。这一激励极大地激发了客户推荐的动力,也会拉进我们与客户之间的关系。

 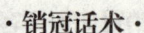

想请客户发朋友圈，客户表示很为难

互联网经济的浪潮汹涌澎湃，如今朋友圈已经成了我们拓展私域流量的关键渠道，所以许多销售伙伴在与客户成交后都希望客户能帮助我们转发朋友圈宣传，许多客户面对这种情况都会"婉拒"我们。

许多销售面对这种情况，会感到有些沮丧："明明在销售过程中和客户相谈甚欢，客户为什么会拒绝我呢？"其实销售无需纠结客户拒绝自己的理由，掌握一定的话术，会大大提高客户为我们转发朋友圈的概率。

✗ 普通话术：

销售员："客户您好，感谢您的支持，如果您愿意将此次购物体验分享到朋友圈，我们将有小礼品赠送。"

客户："不好意思，不太方便。"

✓ 销冠话术：

销冠："客户您好，非常感谢您对我们产品的支持。最近我们品牌有一项特殊的活动，如果您能为我们介绍一位客户，我们将有礼品赠送。"

客户："这难度有些大，不太方便。"

销冠："我完全理解，介绍新客户可能难度太大了。您看这样好不好，我再为您争取一下，您将此次的购物体验分享到朋友圈，我们给您同样的礼品。"

客户："朋友圈还可以接受，那我分享下吧。"

第十章 销冠如何拓客

面对同样的请求，客户为什么会采取两种态度呢？这是由于销冠和普通销售采用了截然不同的话术。销冠话术的高明之处在于，他们采用了一种心理学上的策略：**拆屋效应**。

"拆屋效应"又称"留面子效应"或"天窗效应"，指我们与人们交往的过程中，遇到需要提出请求的时候，可以先和对方讲一个比较大的、难以完成的请求，而把真正的请求（比前一个请求更小、更容易完成）放在这个难以完成的请求之后，对方便会因为已经拒绝过我们产生愧疚感而答应我们第二个请求。

可以看到，销冠话术正是将**"介绍新客户"作为话术的"先锋军"**，等到这个请求被客户拒绝之后，**又顺势提出了第二个请求**，客户多半会答应我们的请求。

 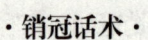

发挥老客户效能，巧妙拓客

美国著名推销员乔·吉拉德在商战中总结出 **250 定律**，他认为，每位客户的背后，都有 250 名潜在的客户，这些客户来自这位客户的社交网络。如果你受到一位客户的青睐，通过这位客户的社交网络，即他的同事、亲人、朋友以及他们各自的社交圈，就可以拓展 250 名潜在客户。反之，你得罪了一位客户，可能在无形中，就失去了 250 名客户。

乔·吉拉德被评为世界最伟大的推销员之一，这一切的成就要归因于他深刻奉行 250 定律，认为**客户至上**。他不认为客户是仅有单次成交价值的宝石，而认为客户是富饶的宝矿，总能带给销售新的惊喜。他将拓客视为一种对已有"宝矿"地持续开发。这样的观念，是他销售成绩的保障。

然而，我们应当如何持续性地开发客户价值呢？客户推荐客户固然有着耗时短、转化率高及成本低廉等优点，但是如何开口对于新销售来说，却是一个难题。过于急躁地紧追不舍，请求客户推荐新客户，往往会引起客户的反感和抵触。销冠是如何做的？

周武王向姜太公问政的时候，姜太公曾说："**爱人者，兼其屋上之乌；不爱人者，及其胥余**。"后世将这个典故固定为成语"爱屋及乌"，而"爱屋及乌"效应体现的心理学原理是**移情效应**。

具体来说，移情效应说的就是，人对于某事物的喜爱，往往可以通过此事物，延伸到与之有关的其他人、事、物。现代营销广告的明星效应、联名周边等，就是在利用这一原理。

而销冠之所以能成功利用老客拓客，是因为他们往往会以

第十章 销冠如何拓客

"移情效应"作为话术核心,巧妙地感染客户。

⊗ 普通话术:

销售员:"您方便给我介绍一些新客户吗?到时候送您礼品。"

客户:"这个……不太方便。"

✓ 销冠话术:

销冠:"与您合作真是太愉快了,非常感激您对我的支持和对我们的产品以及对我个人业务水平的认可。对了,如果您身边有相同需求的人,您可以介绍给我,到时候我可以帮您和新客户申请礼品和优惠。"

客户:"太好了!那到时候我有朋友需要,一定介绍给你。"

可以看到,普通销售请求客户介绍新客户的时候,语气生硬,遭到客户拒绝也是情理之中。而销冠话术采用了三段结构,即**感激(Appreciation)+移情(Empathy)+回报(Reward)**,我们可以简单地概括为 **A + E + R 结构**。

拆解销售话术,我们会发现,首先,我们要对客户对我们的认可和支持表达感激之情,让客户由衷地感觉到他对我们的支持是值得的;其次,在客户对我们产生好感的同时,我们也要展开我们的推销,利用移情效应,让客户产生"我身边的人也许也需要这种产品,我不妨替销售推荐一下";最后,用礼品和优惠作为回报,为客户增加介绍动力。

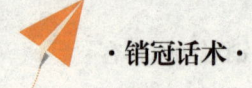

· 销冠话术 ·

> 想通过不同行业间的合作拓客，销冠这样做

许多销售伙伴在拓客环节都会陷入"本行业深耕"误区，在本行业埋头苦干、敢于深耕是没有错的，然而，仅仅局限于本行业的深耕却是远远不够的。懂行的销售，都善于在<u>异业带单</u>方面下功夫。

异业带单指的是不同行业的销售伙伴们进行合作，互惠互利，为彼此带来新客户。异业带单能够让客户群快速增长，帮助各位销售伙伴实现资源共享与共赢。例如，通常来说，装修前端的产品品牌都可以成为装修后端的家居产品的异业伙伴。

不过，在与异业伙伴合作时，也是要讲求方式方法的。与异业销售合作，尽量要避免过于直接地寻求合作，因为异业带单是建立在彼此共同的利益与需求之上的，如果某方销售总是给对方销售一种"单方面索取"的印象，双方就很难达成长期的合作。要改变这种状况，关键在于能否运用<u>互惠法则</u>。

互惠法则来自社会心理学，它强调人在社会交往中有回报他人对自己的给予和恩惠的倾向。在销售领域，这一原则既适用于销售与客户，也适用于异业合作伙伴。具体来说，当我们想要同异业销售达成合作时，不妨先给予对方一些好处。

⊗ **普通话术：**

销售员："你好，我是隔壁出售灯具的销售，您这边购买柜子的客户想必也有需要灯具的吧，能帮我推荐下吗？"

第十章 销冠如何拓客

> ✓ **销冠话术：**
>
> 　　销冠："您好，我是隔壁品牌灯具卫浴的销售。我们注意到来您这边购买家具的客户和来我们这里购买产品的客户群很多时候是重合的，我们何不进行合作呢？我帮您介绍一些客户，您这边也帮我们介绍一些可以吗？"

　　可以看到，销冠话术是对"互惠原则"的灵活运用。要想获得他人的助力，最好的说服方法是陈述我们能给对方带来什么样的利益。

　　合作是建立在<u>彼此互惠、价值交换</u>基础之上的，单方面的索取是难以达成长期的合作的。要想满足自己的需求，不妨先让一步，先为他人创造价值，先满足他人的需求。

·销冠话术·

玩转影响力效应，你也能成为销冠

在人际交往的过程中，人们其实很容易受到他人的影响，而这种影响力能够抵达的程度的高低，往往要抓住几个构成核心影响力的因素，这就是**影响力效应**。

人际交往如同往水里投石子，涟漪往往由最中心的位置，向着边缘不断扩散，出于最中心位置的，往往是具有权威性的影响者。每个行业都有一些中心人物左右着行业的发展，在销售过程中，如果我们能找到这些权威者，势必会让我们的营销过程事半功倍。

所以很多销冠都喜欢采用**权威推荐法**来作为自己的核心营销策略。它往往会**借重权威人物的推荐语**来为产品的信誉度和吸引力保驾护航。这些权威往往在客户群中有着非同凡响的影响力，他们往往能够帮助产品快速地在客户中建立起信任感。

以下几个话术可以供销售伙伴参考借鉴：

1. 国家级权威认证

ⓧ **普通话术：**
　　销售员："我们的产品质量很好，你买了绝对不亏。"

ⓥ **销冠话术：**
　　销冠："尊敬的客户，您放心好了，我们的产品是经过××国家级认证，并且我们还符合××检测标准，如果您需要，我们可以为您出具相应的检测报告。我们从原材料的

第十章 销冠如何拓客

选择到整个生产过程,都是符合××标准的,这些都有相关的证明材料,都是可以出具给您的。"

2. 借助专家背书

⊗ 普通话术:

销售员:"许多名人都喜欢我们的产品。"

✓ 销冠话术:

销冠:"我们的产品是由××研究团队研发的(由××专家认证、××博士带队研发的),他们潜心研究十年,利用××研究成果,研发出了这个产品,这款产品走在科技最前沿,是注重用户体验的客户的不二选择。"

3. 巧用明星光环

⊗ 普通话术:

销售员:"我们这款产品代言人是××。"

✓ 销冠话术:

销冠:"很高兴您喜欢我们这款产品,您的眼光真棒!××明星是我们这款产品的忠实用户,他还是我们这款产品的代言人。您看,这是他在××平台详细推荐的我们的产品。"

· 销冠话术 ·

融入"圈子",打造销冠新篇章

所谓的圈子指的是因为相同爱好、兴趣或特定目的聚集在一起的人们。当我们能够融入这些圈子,与圈内成员建立紧密的情感连接,获得他们的信任,进而影响他们的购买决策,这便是圈子效应。

在销售领域,如果能够发挥圈子的影响力,用好圈子效应,便可以极大地开发圈子内潜在客户,从而扩大我们的客户群。

所谓的同频销售,正是基于此原理诞生的金牌销售策略。同频销售要求我们在销售过程中,与客户保持同步和共鸣,以达到更好的沟通和交易效果。它包括保持沟通同步、理解客户需求、建立情感连接、避免强行推销。

1. 保持沟通同步

销售伙伴在销售的过程中,要时刻留心客户的状态,保持与客户的同步和共鸣。例如,当客户否定我们的产品时,不要正面质疑客户的想法,如果客户所指出的无伤大雅,我们可以采用转折处理法、侧面弥补法等方式与客户保持同频。例如:

> ✓ 销冠话术:
>
> 客户:"印象中这个颜色已经过时了。"
>
> 销冠:"您的记忆力真好,这个颜色确实之前流行过,不过您是知道的,时尚是个圈,如今这种颜色又开始回潮了,也是今年最时尚的颜色。"

第十章 销冠如何拓客

2. 理解客户需求

成功的销售总是能洞察客户核心需求,对症下药,从客户需求入手进行营销。所以在销售的过程中,弄清我们的目标客户群是很重要的。这也提示了我们,注重圈子性质的重要性。

3. 建立情感连接

融入圈子的最重要的目的之一就是建立情感连接。销售伙伴在与圈子内的客户进行交流时,要善于分享有价值的信息和资源,打造客户与我们之间的信任关系。

4. 避免强行推销

圈子里的客户群不仅是我们的客户,更是我们的朋友。面对这样的客户,我们要更强调与这类客户的深度沟通,我们要确保销售的产品能够真正地解决客户所需、解决客户所急,这样才能建立长期的合作关系,圈子才能真正地发挥它的效用。

·销冠话术·

销冠的引流拓客之道——免费试用

在营销策略上，门槛最低的便是送赠品促销，如何能将这一司空见惯的消费策略运用得淋漓尽致，一个比较有效的策略是将之转化为**免费试用**。有相关统计表明，免费试用比低价营销更加吸引消费者。客户对"免费"的狂热追求，正是我们的营销策略得以进行的有利因素。

逛超市的时候，香气四溢的食物旁站着一位为我们提供试吃的销售员；

参加展会时，各大品牌会贴心地为我们准备带有品牌试用装的伴手礼；

数码展时，常常会赠送印有品牌标志的纪念T恤；

电商平台的"先用后付"……

我们都知道以上是商家的销售策略。"免费试用"利用得好，便能够有效拓客，若是利用得不好，便会增加企业成本，甚至因此导致亏损。那么，这个销售策略如何运用会更有效呢？关键在于能否利用好背后的心理学因素：**求利心理**。

人们心中都或多或少存在"求利心理"，很多经济学研究正是基于这一心理共性展开的。通常情况下，买卖双方在进行经济活动时，都有追求己方利益最大化的倾向。我们作为卖方，要做的就是"让利"，迎合客户这种求利心理，从而诱使他们做出购买决策。

那么，如何让客户感觉到我们已经做出了最大限度的让

第十章 销冠如何拓客

利呢？

> ⊗ **普通话术：**
>
> 　销售员："客户您好，我们为您提供了免费试用，感兴趣可以尝试，用得好可以回购我们的产品。"
>
> ✓ **销冠话术：**
>
> 　销冠："客户您好！我们为您特别申请了免费试用的机会，让您可以零成本体验我们的卓越品质。为什么要选择我们的产品进行免费试用呢？首先，我们对自己的产品充满信心。我们深知，只有当您亲自感受过它的优势和价值，才会真正认可它。在试用过程中，您将发现我们的产品在性能、设计和实用性方面都远超同类。其次，这不仅仅是一次试用，更是我们向您展示诚意的时刻。我们致力于为您提供最优质的服务和产品，不惜最大让利。如果您在试用后决定购买，我们将为您提供极具吸引力的优惠政策，确保您以最实惠的价格获得最满意的产品。相信我们的产品一定会成为您的最佳选择。"

可以看到普通话术仅仅给出了"免费试用"这一信息，而销冠话术，首先在给出免费试用信息时，在话术上就更巧妙，"我们为您特别申请了……"这一话术增强了我们与客户的信任纽带，让客户感受到这份试用礼物的稀缺感，从而增强客户对我们的好感度。

其次，在用免费试用勾起客户谈话兴趣后，销冠又顺势引入优惠政策，进一步为客户做出购买意愿加大筹码。

不同客户，策略不同

在销售领域，金牌销售往往是那些能够在不同客户面前采取不同营销策略、善于分场合变通的销售。要做到这点，就需要销售伙伴们在与客户进行沟通的时候，深入客户内心，留意客户的性格类型和心理需求，为客户定制不同的服务策略。

利用心理学快速定位客户类型

在销售过程中，掌握一定的心理学知识可以帮助我们更好地了解客户。面对客户时，快速识别客户类型，可以让销售伙伴更轻松地制定相应的销售策略。

市面上有各类层出不穷的专业性格类型量表，这些量表也可以应用到销售过程当中。目前在销售圈比较流行的客户性格测试是 PDP 性格测试（行为特质衡量系统），是由数代行为学家、多个团队经过几十年的研究不断完善、逐步成形的。

PDP 性格测试从个人的行为特质、活力、动能、承压能力、精力及能量变动情况等多个维度出发，对人的性格特质进行评估，又依据被测试者分数分布的不同，将被测试者分为五种类型，包括：支配型、外向型、耐心型、精确型、整合型。为了更形象地帮助大家理解测试结果，这五类人又分别用"老虎""孔雀""考拉""猫头鹰""变色龙"来概括。

当我们觉得与客户沟通受限、谈话进入僵局时，不妨拾起这个测试，它或许能够帮助我们解决眼前的困局。同样，当我们对自身性格有疑问时，也可以用这个测试对自己进行进一步了解。

第十一章 不同客户，策略不同

PDP 人格类型测试

现在，我们可以使用下面的问卷进行测试。

1. 面前的客户做事是一个值得信赖的人吗？
   A. 完全不同意　B. 比较不同意　C. 不确定　D. 比较同意　E. 完全同意
2. 面前的客户的个性温和吗？
   A. 完全不同意　B. 比较不同意　C. 不确定　D. 比较同意　E. 完全同意
3. 面前的客户非常有活力吗？
   A. 完全不同意　B. 比较不同意　C. 不确定　D. 比较同意　E. 完全同意
4. 面前的客户善解人意吗？
   A. 完全不同意　B. 比较不同意　C. 不确定　D. 比较同意　E. 完全同意
5. 面前的客户很独立吗？
   A. 完全不同意　B. 比较不同意　C. 不确定　D. 比较同意　E. 完全同意
6. 面前的客户受人爱戴吗？
   A. 完全不同意　B. 比较不同意　C. 不确定　D. 比较同意　E. 完全同意
7. 面前的客户做事认真且正直吗？
   A. 完全不同意　B. 比较不同意　C. 不确定　D. 比较同意　E. 完全同意
8. 面前的客户很富有同情心吗？
   A. 完全不同意　B. 比较不同意　C. 不确定　D. 比较同意　E. 完全同意
9. 面前的客户有说服力吗？
   A. 完全不同意　B. 比较不同意　C. 不确定　D. 比较同意　E. 完全同意
10. 面前的客户很大胆吗？
    A. 完全不同意　B. 比较不同意　C. 不确定　D. 比较同意　E. 完全同意
11. 面前的客户是个做事精确的人吗？

· 销冠话术 ·

  A. 完全不同意 B. 比较不同意 C. 不确定 D. 比较同意 E. 完全同意
12. 面前的客户适应能力强吗？
  A. 完全不同意 B. 比较不同意 C. 不确定 D. 比较同意 E. 完全同意
13. 面前的客户的组织能力强吗？
  A. 完全不同意 B. 比较不同意 C. 不确定 D. 比较同意 E. 完全同意
14. 面前的客户积极主动吗？
  A. 完全不同意 B. 比较不同意 C. 不确定 D. 比较同意 E. 完全同意
15. 面前的客户很容易害羞吗？
  A. 完全不同意 B. 比较不同意 C. 不确定 D. 比较同意 E. 完全同意
16. 面前的客户强势吗？
  A. 完全不同意 B. 比较不同意 C. 不确定 D. 比较同意 E. 完全同意
17. 面前的客户镇定吗？
  A. 完全不同意 B. 比较不同意 C. 不确定 D. 比较同意 E. 完全同意
18. 面前的客户很喜欢学习新东西吗？
  A. 完全不同意 B. 比较不同意 C. 不确定 D. 比较同意 E. 完全同意
19. 面前的客户反应快吗？
  A. 完全不同意 B. 比较不同意 C. 不确定 D. 比较同意 E. 完全同意
20. 面前的客户性格外向吗？
  A. 完全不同意 B. 比较不同意 C. 不确定 D. 比较同意 E. 完全同意
21. 面前的客户是个注意细节的人吗？
  A. 完全不同意 B. 比较不同意 C. 不确定 D. 比较同意 E. 完全同意
22. 面前的客户爱说话吗？
  A. 完全不同意 B. 比较不同意 C. 不确定 D. 比较同意 E. 完全同意
23. 面前的客户的人际协调能力好吗？
  A. 完全不同意 B. 比较不同意 C. 不确定 D. 比较同意 E. 完全同意
24. 面前的客户做事很勤劳吗？

第十一章 不同客户，策略不同

    A. 完全不同意　B. 比较不同意　C. 不确定　D. 比较同意　E. 完全同意

25. 面前的客户很慷慨大方吗？

    A. 完全不同意　B. 比较不同意　C. 不确定　D. 比较同意　E. 完全同意

26. 面前的客户处事很小心翼翼吗？

    A. 完全不同意　B. 比较不同意　C. 不确定　D. 比较同意　E. 完全同意

27. 面前的客户令人愉快吗？

    A. 完全不同意　B. 比较不同意　C. 不确定　D. 比较同意　E. 完全同意

28. 面前的客户传统吗？

    A. 完全不同意　B. 比较不同意　C. 不确定　D. 比较同意　E. 完全同意

29. 面前的客户亲切吗？

    A. 完全不同意　B. 比较不同意　C. 不确定　D. 比较同意　E. 完全同意

30. 面前的客户的工作非常有效率吗？

    A. 完全不同意　B. 比较不同意　C. 不确定　D. 比较同意　E. 完全同意

    以上各题的选项分值为：A=1，B=2，C=3，D=4，E=5。请按照以下计算规则统计得分，找到对应的性格类型。

第一项：（第 5、10、14、18、24、30 题得分相加），得分（　　　）
        对应性格类型——老虎；

第二项：（第 3、6、13、20、22、29 题得分相加），得分（　　　）
        对应性格类型——孔雀；

第三项：（第 2、8、15、17、25、28 题得分相加），得分（　　　）
        对应性格类型——考拉；

第四项：（第 1、7、11、16、21、26 题得分相加），得分（　　　）
        对应性格类型——猫头鹰；

第五项：（第 4、9、12、19、23、27 题得分相加），得分（　　　）
        对应性格类型——变色龙。

·销冠话术·

PDP性格测试解读：

■ 如果某项的分数远远高于其面前的客户四项，面前的客户就具备该性格类型的典型属性。

■ 如果某两项的分数明显超过其面前的客户三项，面前的客户就同时具备这两种性格类型的典型属性，依此类推。

■ 如果某项的分数特别低，其面前的客户项的分数相对平均，面前的客户就缺乏该性格类型的典型属性。

第十一章 不同客户，策略不同

PDP 性格测试中五种类型特点与他们的内心需求

1. 权威的老虎型（支配型）——目标导向

性格特质：充满自信，竞争力强，乐于主动出击，企图心强烈。这类人为人强势，强调权威与果断，喜欢发号施令，重实质报酬。

关注点：金钱、声望、奖励与绩效，总体来说他们更关注世俗层面的奖励或回报。

内心需求：老虎型人群注重权力和声望，热衷于成为领导者的他们希望能够得到他人的尊重和认可。在人际交往中，他们倾向于将局面掌握在自己手中，他们喜欢由自己的决策和行动推动事情走向。

2. 爱沟通的孔雀型（沟通型）——人际导向

性格特质：热情洋溢，热衷于表现自己，擅长社交，思维敏捷，极富创造力，对外界有强烈好奇心，热爱学习、尝试新事物。

关注点：形象、穿着、名声、他人的赞扬和肯定。

内心需求：孔雀型人群需要一个能充分表现自己的舞台，他们渴望得到他人的注意和赞美，热衷于成为人群中的焦点，同时他们还格外注重自身想象力和创造力的自由发挥。

3. 平和的考拉型（耐心型）——价值导向

性格特质：考拉型人群爱好和平，他们做事能持之以恒，他们为人平易近人，敦厚可靠，在人际交往中力求和谐，避免冲突，做事有条理，常常自我反思。

关注点：安全感、舒适度。

·销冠话术·

内心需求：考拉型人群注重外部环境的和谐稳定，以及维持和谐环境的安全感。在人际交往中，他们看重他人对自己的付出做出的认可和尊重，他们渴望被理解和接纳。

4. 善察的猫头鹰（精确型）——过程导向

性格特质：猫头鹰型人群注重事情的条理性，追求卓越，有完美主义倾向，原则性强，注重细节，重视品质，敬业负责，遵守制度与规则，思维敏捷，逻辑性强。

关注点：计划、条理、结构、规范。

内心需求：猫头鹰型人群渴望秩序与精确性，他们注重事情发展的条理性，希望事情能按照他所计划的或者原有规定来进行。

5. 全面的变色龙（整合型）——组织导向

性格特质：变色龙人群协调性高，配合度高，是团队的润滑剂。他们善于整合内外资源，以中庸之道游走于各个社交场合，他们同理心强，感觉敏锐，善于识别他人的需求和情绪，具有良好的沟通协调能力和处理复杂的人际关系能力。

关注点：和谐、协调、组织。

内心需求：变色龙型人群也属于社交型人群，他们渴望被接纳和认可，希望能够游刃有余地游走在不同的环境和人群中。

了解了以上几种人格特质，销售就可以简单地将客户进行分类，然后依据客户的不同性格，对症下药地制定不同策略。

第十一章 不同客户，策略不同

面对老虎型客户，请直截了当

面对以支配为关键词的老虎型客户，我们在沟通的过程中，一定要学会**直截了当、闪电出击**。

通过分析老虎型客户的性格特质，我们知道，这类客户通常不喜欢拖泥带水，他们热衷于追求解决问题的速度。他们在做出购买决策时，通常也能够做到果断、迅速，有时他们也乐于尝试新鲜事物、乐于迎接新挑战。

通常来说，这类型的客户喜欢与销售员保持一定的距离，他们**不喜欢与销售员建立私人关系，而是采取"公事公办"的态度**。所以，他们在与销售员打交道的时候，更希望销售员能以产品为中心。

老虎型客户往往不接受被动地购买决定，他们需要一种掌控感和选择权。所以，面对这类客户时，销售伙伴们最好要准备多个方案或产品，供老虎型客户选择，让他们享受到决策的快感，才会做出购买决定。

另外，老虎型客户往往不喜欢在产品的附加层面耗费功夫，所以销售在与这类客户打交道的过程中，要及时给予详细的产品信息，并且能够确保产品质量。他们务实而注重实际效果，一旦产品不能让他们满意，再精妙的销售策略也不起作用。

同时，对于这类客户来说，时间就是金钱，他们往往不耐于冗长的过程，所以我们在与他们沟通时，务必要格外注重精简有效信息，节省客户的时间。

不过，虽然与老虎型客户交流简单直接，但是销售伙伴们也

· 销冠话术 ·

要注意，在与老虎型客户交流时往往会遇到两种极端情况：有些老虎型客户会显得格外健谈，但他们往往不耐烦于倾听销售员的话，在销售员推销产品的过程中，很可能频频打断甚至断章取义销售员的话；另一种情况是，老虎型客户惜字如金，即使听完了销售员的介绍，也并不做出评论，面色上也看不出变化，使销售员无法判断客户的喜好。

不管面对这两种类型的哪种，销售员都要做足姿态，要谦逊有礼，不能自认为"我是专业的，我比客户懂行"，一旦透露出丝毫这类的想法，马上就会被老虎型客户给淘汰掉。另外在产品介绍上，我们也要准备得简明扼要但能够直击要点。

在具体的交流过程中，面对健谈的老虎型客户时，我们要保持耐心，在客户打断我们、误解我们时，不能正面反驳客户，说话要委婉，不要否定客户。比如客户说错某个参数，错误示范："客户，您说的参数不对。"销冠会说："是这样的，您这边可能理解有一点小小的偏差，这个参数它其实是……"总之，无论如何必须保证我们要输出内容的完整性，同时又不能挫伤客户权威，这需要销售员有良好的专业知识储备和出色的社交沟通技巧。

面对惜字如金的老虎型客户，销售员应不畏惧客户的气场，将我们准备好的产品信息如数传达给客户，同时也要适当寻求反馈，客户沉默不代表他对产品没有自己的考量，销售员要做的就是获悉客户的考量。

最后，不管面对哪类老虎型客户，销售都不可以只准备一套方案、一种产品，对于老虎型客户，决策感、掌控感是相当重要的。

第十一章 不同客户，策略不同

打动孔雀型客户，社交场合多下功夫

许多销售朋友们热衷于同孔雀型客户打交道，这类客户擅长交际、八面玲珑，与他们打交道，总是有一种如沐春风的感觉。但是，虽然销售很容易与孔雀型客户打成一片，要想成交还是需要掌握一定的技巧的。

孔雀型客户注重交流的愉悦氛围，所以与这类客户交流时，销售需要有很强的营造气氛能力，在切入产品前，不妨先引入一些有趣的小故事。

不同于老虎型客户的"怕与销售建立私人关系"，面对孔雀型客户，我们需要的正是能够与他们建立私人关系。在触及销售的核心议题上，绝不能过于直截了当，反而要适当迂回。

销售伙伴在与孔雀型客户进行初交流时，可以对客户有个大概的判断，有了判断之后，从客户的兴趣爱好入手，开启话题。比如客户穿着时尚品牌，即使我们不是销售该类产品的，也可以由此开启话题，一旦打开与客户的交流之门，在交流方向方面，我们可以逐步引入到我们销售的产品上。

那么，具体来说，如何与孔雀型客户进行交流呢？

1. 做个聪明的倾听者、追随者

孔雀型客户对能够表现自己是十分看重的，我们在与这类客户交流时，要时刻保持对他们的关注，尤其是要做个聪明的倾听者，善于满足他们的倾诉欲，再适时地给予回应，这样可以帮助我们与孔雀型客户建立信任纽带和情感联系。

2. 谈话方向我来引导

与孔雀型客户建立情感联系后，我们需要做的是逐步将谈话引入购买决策当中。在最初的谈话中，我们可以先谈及客户自身的兴趣爱好，再慢慢向我们产品的相关领域靠拢，比如销售相机先谈旅游，销售衣物先谈时尚明星等。

3. 迂回地谈及销售

虽然我们已经与客户建立了一定的情感联系，但也不能过于直白地表达我们的销售目的，否则我们费心营造的轻松愉悦氛围就会遭到破坏。

✓ 销冠话术：

第一阶段：我是客户的粉丝

①"您好！每次看到您的名字，我就想起您上次提出的那个非常有远见的想法。您的智慧和眼光令人钦佩不已。"

②"您今天的状态看起来特别好！容光焕发。"

第二阶段：谈谈我的产品吧

①"哈哈，您的经历总是充满奇幻和冒险，对了，我们公司最近研发出了一款新的登山鞋，采用了最新科技……"

②"您还是一直走在时尚前沿，我们这边的秋季最新款也上新了。"

第三阶段：客户在我的帮助下决策

①"因为还在市场推广的阶段，现在购买有很大优惠，您又是我的老客户，我还可以为您额外申请礼品。"

②"这款是我们当季主推款，质量有保证，而且我们的公司的售后服务一向是一流的，这点您可以放心。"

第十一章　不同客户，策略不同

与考拉型客户交流，要赢得他们的信赖

从性格特质上来看，考拉型客户往往有着谨慎的性格和比较强的逻辑思维，这点体现在销售领域就是：当他与销售建立的信任纽带没有达到一定程度时，他们往往会对销售员推销的产品采取观望态度，而不会做出购买行动。

考拉型客户看起来温和，但他们却对产品质量有着严谨的要求，他们注重细节。与他们交流时，销售伙伴最好呈现出严谨、专业的一面。

考拉型客户需要细致的销售服务。考拉型客户倾向于与销售员就产品做出深度交流之后再做出决策，所以销售伙伴在销售的过程中一定要为客户提供细致耐心的服务。销售员推荐产品，一定要在倾听考拉型客户的具体需求以后，再有的放矢。如果能为他们提供定制化方案，那就最好不过了！

通过信任感建立长期客户关系。考拉型客户虽然谨慎细致，但一旦能与销售员建立信任纽带，这类客户是最容易转变为我们忠实的老客户的。值得注意的是，为这类客户服务时，销售伙伴要保证自己的服务水平前后一致，不能因为与客户关系亲近起来就降低自己的服务标准。

另外，考拉型客户往往不会轻易做出购买决策，销售伙伴在与这类客户打交道时，一定要做到足够耐心、不轻言放弃，还要给予他们充分的思考空间。面对他们的时候，一般来说，最好采用渐进式销售策略。

·销冠话术·

与考拉型客户交流，具体话术如下：

1. 给考拉型客户介绍产品

"客户您好，我们这款产品主打实用性和科技感。本产品是××博士带队研发，采用最新科技研发出来的，这是这项研究成果的论文。这款产品可以有效地帮您解决××痛点问题，提高效率，降低成本。而且我们这边还提供××售后服务，保证从您购买到使用过程中，都能获得舒心的产品体验。"

2. 被考拉型客户婉拒

销售伙伴在开发新客户时，遇到的考拉型客户往往倾向于首先拒绝我们，但客户一婉拒，销售员"扭头就走"，这就大错特错了，无论我们要不要向这类客户做二次推销，都一定要留出说话的余地。

"客户，您说的我们完全理解。您不必急着做出决策，可以先了解一下我们的产品，等您需要的时候，可以首先考虑我们，到时候我们也会给您提供优惠的价格和优质的服务。您可以添加我的联系方式，有行业最新动态（此处可以替换为优惠价格、优秀服务等，要判断出影响客户购买决策的最重要因素），我可以及时与您分享。"

3. 巩固与考拉型客户的信任纽带

"客户，感谢您的信任和支持，我们会继续努力的，保证为您持续提供优质的服务。在使用过程中有任何问题，您可以随时联系我，我一定第一时间为您解决。"

第十一章 不同客户，策略不同

怎样赢得猫头鹰型客户的青睐

面对以精确著称的猫头鹰型客户，我们的策略必须严密且更加富于条理性。猫头鹰型客户是结果导向型人群，他们更看重产品和服务最终能带给他们的价值或最终满足他们需求的程度。所以在面对猫头鹰型客户时，我们必须要制定整体性策略。

首先，从产品介绍策略来看，向猫头鹰型客户介绍产品，一定要弱化细节，强调最终的产品体验和服务体验。猫头鹰型客户的强项就是在于分析，销售员如果把细节呈现得过于细致，一旦某一细节被猫头鹰型客户放大为"产品缺陷"，这场交易就注定失败了。

其次，猫头鹰型客户不热衷于冒险，所以能否规避风险，总会被他们纳入决策前要考虑的因素之中。如果能帮助猫头鹰型客户解决这一问题，那么在没有后顾之忧的情况下，猫头鹰型客户显然会更加迅速地做出决策。具体该如何做？可以从以下几个方面入手：用数据说明产品质量或服务水平；优化售后服务，猫头鹰型客户在确保自己能够享受到优质的售后服务的情况下，会更加安心。

最后，猫头鹰型客户倾向于依赖自己的判断做出购买决策，销售员的过分推销反而会引起客户的抵触和反感。所以面对猫头鹰型客户时，我们要采用专业、中立、客观的应对话术。他们喜欢详细收集要购买的产品相关的资料、数字、证明，而我们最好在介绍产品之初，就将这些资料提供给他们，并及时、专业地解决客户分析资料过程中产生的疑问。

总之，服务猫头鹰型客户，是对销售员能力和专业度的一个

171

· 销冠话术 ·

挑战。

说服猫头鹰型客户的话术,往往需要将专业知识与用户痛点结合起来。

> 某公司业务员向担任财务总监的猫头鹰型客户推销一款办公管理软件。
>
> ✗ 普通话术:
> 销售员:"客户您好,我们这款软件是目前市面上最好的软件,现在还有优惠活动,您不试试吗?"
>
> ✓ 销冠话术:
> 销冠:"客户您好,我们这款软件目前已经经营了10年,一直不断优化、更新。目前我们所占据的市场份额大概在××,我们的客户涵盖各个行业,所以在我们的不断优化下,绝大多数企业所需的功能,我们都已适配,而且我们还可以提供定制服务,为您单独定制所需功能。目前我们所设置的模块有成本核算、仓库管理、财物模块、发货系统、售后管理模块、市场动向监测,我看您这边目前所使用××系统,功能稍显单一,并没有将成本统计与发货、出入库等集成在一个系统内,这样其实不太符合您这边成本核算的需求,并且也很影响工作效率。您不如详细了解一下或者试用一下我们的产品?"

销冠话术的精巧之处在于,这段话完全把握了用户的痛点,在了解客户需求之后,纵向列举本产品的特点、横向比对它与市场同类竞品间的差异化优势,这么一来,猫头鹰型客户能不与销冠聊聊吗?

第十一章　不同客户，策略不同

巧妙解读变色龙型客户的心

如同丛林当中随着环境而改变自己颜色的变色龙一样，变色龙型客户在社交场合也在不断改变自己的颜色，销售员在面对他们的时候常常因摸不清他们的真实想法而感到困扰。

学会以下几点，与变色龙型客户交流便能够做到游刃有余：

1. 销售员要比客户更加敏锐和灵活

面对变色龙型客户的时候，销售员应当发挥自己的察言观色能力，从客户的微表情和无意识的肢体语言入手，同时，也要仔细聆听客户的每句话，以防客户的话中潜藏了一定的言外之意。

2. 销售员要及时调整策略

当销售员察觉到客户有情绪变化时，要及时转换销售策略。比如当我们说到价格时客户皱眉，说明客户对价格方面比较敏感，我们可以以此为切入点，与客户深入聊聊。当说到产品设计时客户身体前倾，显然是他比较关注设计方面的问题……

3. 万变不离其宗

要知道，变色龙型客户的性格特征是其他客户性格特征的整合，所以，我们如果能将前面所学融会贯通，拿下变色龙型客户也就不在话下了。

 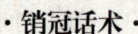

> 客户与小王就产品问题基本达成一致，快成交的时候客户突然变卦了。
>
> ⊗ **普通话术：**
> 销售员："您看，咱们之前都谈好了，您这样突然变卦不好吧。"
>
> ✓ **销冠话术：**
> 销冠："好的，我了解了。不过咱们之前沟通得也比较愉快，方便问下您做出这个决定的原因吗？如果是您对先前我们的一些沟通有了不同的意见，我们可以再谈谈。"

可以看到普通话术里的销售员其实更接近大部分人的第一反应：约定好的事被对方推翻，谁都会有一种被欺骗的感觉。但是，我们的身份是什么？销售！我们要做的是什么？服务客户！

普通话术里的销售员，很容易引起客户的尴尬情绪，从而导致他恼羞成怒，产生对抗心理。这样，这位客户就更加不可能与我们成交了。

销冠话术在这一点上做得很好。首先，他接受客户的决定，展现出他作为销售的涵养。其次，他<u>以开放而非指责的方式</u>与客户进行再交流，如果客户愿意打开话匣子，这位客户很可能被我们争取回来。

需要指出的是，有时客户也会以"变卦"作为策略来试探我们的底价。总之销售是客户与销售员间智慧的博弈，销售员一定要擦亮火眼金睛，洞悉客户的真实意图。

第十二章

从小白到销冠，其实很容易

很多新手销售总觉得销冠是不可逾越的"高山"，只能望着销冠的背影叹气。实际上每个销冠都是从小白的阶段过来的，从小事做起，逐步积累，微尘也能累积成泰山，雨滴也能汇聚成江河。

· 销冠话术 ·

避免成为客户讨厌的三种销售

销售的过程有时候是与客户建立友谊的过程,能够赢得客户好感,销售过程自然无往不利;反之,引起客户的不满,却很有可能导致客户的流失。那么,销售伙伴应该怎么做才能避免引起客户反感呢?

1. 客户不需要比自己还强势的销售

按照行业归属来看,销售行业属于第三产业,也就是服务业,但我们所提供的服务并不如餐饮业那样具象化,我们所提供的服务,更多来说,是偏重于提供情绪价值的。所以,客户最不需要的就是由销售来告知他们该如何做。高情商的销售都会**引导客户"自己做出决定"**。

面对同样一件事,同一个活动,不同的说话方式,在客户的眼里就有很大的差别。比如,销售 A 说:"客户,今天充值 ×× 金额有双倍奖励,您还是多充点吧,过了这村没这店。"这位销售固然以加强紧迫感的方式催促客户交易,有一定的技术性,但是在客户听来,就有一种诱导消费的高高在上感。

销售 B 说:"客户您好,您看您的充值金额已经不小了,马上达到我们'充值有双倍奖励'的门槛了,您看是不是再多充值一些,会更划算呢?"这位销售**采用询问的语气,给予客户充分考虑空间**,在客户听来是如沐春风的。

虽然两位销售的最终目的都是让顾客做出多充值的决策,但是结果却大相径庭。面对销售 A,客户会直觉地想:"这销售在坑我吧。"面对销售 B,客户会把销售的话听进去,他会想:"这

第十二章 从小白到销冠，其实很容易

销售说得对，反正我已经充了不少了，再充一点就可以享受优惠了。"

2. 为推销罔顾客户需求

身为销售的我们都有过这样的经历，某款产品是主推款，为了完成业绩要求，无论面对什么样的客户，我们都会试图推荐主推款给客户。实际上，这样很容易把与客户的成交做成"一次性买卖"，更甚至，即使客户在我们一时营销下消费了产品，他在后续的使用中，发现使用体验不佳，这就势必会危及我们的口碑和信用度，由此我们也丢失了以此客户的社交圈为中心的潜在客户群。

这种销售策略，对于销售的职业生涯是有害的。正确的做法是首先弄清楚客户所需，在客户所需的基础上，寻找能够让我们达到利益最大化的产品，这样，既符合客户的利益，也符合我们的利益。要记住：只有双赢的合作才是成功的，只有双赢的合作才是可持续性的。

3. 避免对客户先入为主

作为一名合格的销售，最忌讳的就是有机会主义心理，即俗语所谓的"看人下菜碟"，看到衣着光鲜的客户便谄媚逢迎，看到衣着朴素的客户就爱答不理。

首先，真正的大客户未必会接受以"谄媚"为核心的营销策略。

其次，以衣着去判断客户的购买能力、客户的经济水平实际上是非常片面的。

最后，看人下菜碟，对不同客户群体进行有意区分，并因此提供差异化服务，是不符合销售准则的。

最经典的营销反面案例是某4S店销售针对不同国籍人士提供

· 销冠话术 ·

了赠送饮料与不赠送饮料的区别化服务,结果被未收到饮料的客户爆料到互联网上,不仅该 4S 店收到网民抵制,营业额大幅度下降,连该品牌在全国范围内的口碑都受到波及,最后该品牌不得不紧急耗费大量人力物力进行公关。更要命的是,一些潜在客户看到这条负面新闻,马上就买了对立品牌的汽车。

所以我们作为销售,一定要始终保持职业素养,想客户所想,将任何与我们有交流的客户都当作潜在客户,这样才能赢得客户青睐,并建立长期的友好合作关系。

第十二章　从小白到销冠，其实很容易

不想成为销冠的销售不是好销售

意大利经济学家巴莱多提出一个定律：在任何一组事物中，最重要的部分只占据20%，其余的80%尽管在数量上占据绝大多数，但在地位上却居于次要地位。这个定律后来被称为**二八法则**。

正如巴莱多所描述的，生活中遍布不均衡现象。在销售团队中也是如此，一个团队中，很少出现大家销售业绩均衡的状态，二八法则在销售领域也发挥着作用，我们的目标就是跻身于能做出卓越表现的20%的精英行列。

那么，要如何做呢？

1. 自驱力：我想成为顶尖销售

来自内部的动力才能构成长久、持续、稳定的驱动力。外界对我们的压力常常会引起我们本能地对抗，时间一久，外界给予的动力就会枯竭，甚至会对我们产生负面影响。以自驱力驱动我们制定目标、完成目标，完成之后，我们会有种成就感，久而久之，我们对于销售事业的热情就会越来越高。

2. 行动力：临渊羡鱼不如退而结网

销冠与普通销售之间的鸿沟并不如马里亚纳海沟那么深，两者之间只是一线之隔。那么如何才能成为销冠呢？从小事做起，练好每一个话术，服务好每一个客户，从失败中提炼教训，从成功中复盘经验，当你的专业技能达到一定的深度，自然而然便能进阶成销冠。

3. 终身学习：学海无涯苦作舟

另外，要想成为销冠，不可一日废学。要不断精进自己的专业技能，及时更新自己的产品知识储备，多了解市场动向，时常磨炼自己的销售技巧。

第十二章 从小白到销冠,其实很容易

三个流行的营销学概念要知晓

电商经济崛起的今天,有三个营销学概念频频出现在我们眼前:KOT、KOL、KOC。想玩转电商营销,这三个概念要知晓。

1. KOT

KOT 是 Key Opinion Target 的缩写,即以渠道为王,由权威机构背书的传播模式。

KOT 营销渠道更适合那些产品质量优,但是暂时还未在市场打开名气的品牌和产品,他们往往借助于机构的权威性获取客户群,但是能否留下客户和促成回购,还要看自身产品质量是否达标。

2. KOL

KOL 是 Key Opinion Leader 的缩写,即关键意见领袖的意思。在营销学中,他们通常指的是那些在社交圈中,具有核心影响力的人。销售拓客的过程中,如果能顺利地借助这些人的力量,不仅能使我们的营销策略事半功倍,还可以依托这些 KOL 扩大我们的品牌影响力。

随着互联网社交媒体渠道的成熟,KOL 营销渠道对企业的重要性不言而喻。但在选择合作 KOL 时,一定要注意我们的品牌定调问题。一些头部 KOL 固然有着高得惊人的影响力,但是如果与我们的品牌定调不符,即使本次营销成功,对我们后续的营销也是不利的。

例如,作为奢侈品销售品牌,我们的目标客户群通常为关注时尚的中产阶级,这种情况下,拥有时尚生活方式标签的博主无

· 销冠话术 ·

疑是我们的最佳选择,而选择与以乡土内容产出为主的博主合作,很容易引起我们固有客户的反感,因为奢侈品并不只是一件具有实用价值的商品,客户的购买意愿很大程度上来自奢侈品背后标签化的符号意义。

3.KOC

KOC 是 Key Opinion Consumer 的缩写,是指消费者群体中,具有一定影响力的人。它同 KOL 不同的是,KOC 的影响力范围较小,通常只局限于自己社交圈子里的家人或朋友。通常,这些客户需要我们以优质的服务进行维护。

第十二章　从小白到销冠，其实很容易

不要让你的短板局限你

美国管理学家彼得·德鲁克曾经提出过一个木桶理论：一个由长短不一木板制成的水桶，其装水的容量并不取决于最长的那块木板，而是取决于最短的那块木板。

其实这个理论放在销售领域也适用，一个人能取得什么样的成就，很有可能受到他缺点的制约。所以作为销售，我们必须准确衡量出我们的长处和弱点。

如何正确地应对短板呢？

1. 我们可以试着"拆除"短板

有些短板是可以通过训练而被"拆除"掉的，比如着装打扮上与行业普遍着装有差距或者心态上的不自信，而有些短板则是无可避免的。面对这些不可避免的短板，我们能做的，只能是扬长避短，尽量避开这些弱点。

2. 如果短板拆除不掉，我们可以通过凸显长处来让人"忽略"掉我们的缺点

坐过绿皮火车的伙伴们都知道，列车上是有商品销售员的，这些商品销售员往往会通过各种巧妙的语言向客户推销商品。某次我坐列车的时候，碰见了一位爱脸红的销售员，他一开始就像大家说明："我这人容易害羞。"果然，他在介绍商品、邀请乘客试吃的时候，脸红了一大片。他这个爱害羞的"短板"，经他**主动"暴露"**，就成了乘客的**关注点**，旅途烦闷，大家看这销售员这么容易害羞，竟开始主动打趣他。销售员则借机以机智幽默的语言回应乘客。在火热的气氛中，他的商品销售了一件又一件……

·销冠话术·

　　这位销售员就是将**短板转化为优点**的典范。许多时候,销售策略并不如同算数学那样,一加一必须等于二,我们大可以迂回曲折达到目标。所以,有缺点不可怕,正视自己的短板,找到属于自己的最优解。